NOUVELLES

PORTUGAISES

ET

BRÉSILIENNES

BLOIS, IMP. DE AUCHER-ELOY.

NOUVELLES
PORTUGAISES

ET

BRÉSILIENNES,

Par M. Ph. de PASSAC.

MEMBRE DE PLUSIEURS SOCIÉTÉS LITTÉRAIRES.

AUTEUR D'HONORINE ; DE ROSELMA ;

DE ROSE DE CONNIVAL, ETC., ETC.

TOME SECOND.

PARIS,

Chez

Lecointe et Durey, libraires, quai des Augustins, n° 49.

Pigoreau, Place St.-Germain-l'Auxerrois

Corbet, quai des Augustins, n° 65.

A BLOIS,

CHEZ AUCHER-ELOY, IMPRIMEUR-LIBRAIRE.

―――――◆―――――

1825.

AMOUR ET CONSTANCE,

OU

HISTOIRE DE DON CARLOS

ET

DE DONA LOUISA:

LETTRE XXVI.

Ce 23 février 1756.

Louisa, mon cher don Joan n'a point encore instruit son père du lieu de sa retraite. Outre que sa santé est encore chancelante, elle a éprouvé tant de dureté, tant d'insensibilité de de la part de celui qui devait être son protecteur naturel qu'elle tremble de retomber sous sa puissance, et qu'elle fera tout ce qui dépendra d'elle pour en éloigner le moment. Instruite de sa position, la supérieure m'a promis de ne rien faire qui pût découvrir ce mystère. Sa nouvelle pensionnaire n'est connue dans le couvent que sous le nom de dona Louisa, ce qui favorise le secret que nous voulons garder, et dans le cas où il viendrait à se dévoiler, les troubles du moment fourniraient de nombreuses excuses à ma parente.

Dona Thérésa, aujourd'hui marquise de***, m'a fait demander si je savais des nouvelles de dona Louisa, en me promettant le plus grand secret, pour peu que je l'exigeasse. Le jeune comte d'Idanha s'est adressé à elle afin d'avoir des renseignemens sur le même objet ; mais la seule inquiétude de l'aimable marquise, pour l'amie de sa jeunesse, est le motif de ses démarches auprès de moi. Je lui ai fait demander un entretien particulier et j'ai cru pouvoir confier à sa discrétion tous les détails dont je t'ai fait part à toi-même. Elle a partagé mes sentimens sur notre chère Louisa , sans cependant me cacher ses craintes pour l'avenir ; ces craintes je ne les trouve que trop fondées , tout en jouissant du présent et en visitant ma nouvelle recluse le plus que je le puis sans la compromettre.

Dona Maria tient à ses projets de réforme et aux promesses qu'elle m'a faites. J'ouvre dans ce moment une lettre d'elle , sans signature ; mais quand même je ne reconnaîtrais pas sa main, les informations qu'elle me donne et qu'elle seule peut me procurer , m'indiqueraient l'auteur de cet l'écrit, je vais te le transcrire.

Rue de San Bento, 22 février 1756.

« Vous serez sans doute bien aise , senhor don Carlos, de savoir ce qui se passe dans une famille dont un des

membres vous intéresse si vivement.
Lors des désastres du premier novembre dernier, dona Louisa refusa de se confier aux soins du jeune comte d'Idanha et, si elle n'a pas été victime de son refus, elle doit s'en applaudir; car il avait l'intention de la mener dans le Beira, de l'y retenir aussi longtemps qu'il aurait été possible et de donner à cet enlévement la plus grande publicité. Enfin je ne sais jusqu'a quelles extrêmités on se serait porté pour la forcer à ne plus résister à une union qu'on veut absolument. Ce qui flatta la vanité du marquis dans ce mariage, c'est que le comte a promis en épousant dona Louisa, de prendre le nom de sa famille, à condition que le ministre lui en ferait assurer le titre : celui de comte d'Idanha passerait à son frère cadet. En outre Edouard doit recevoir en argent comptant, une somme considérable pour payer

ses dettes. N'entendant point parler de sa fille après le tremblement de terre, le marquis a fait fouiller son palais, surtout à l'endroit du cabinet voûté qui a résisté au choc des décombres sous lesquels il était enseveli ; mais on n'y a trouvé que les archives de la famille, ce qui a paru consoler l'orgueilleux fidalgue. Cependant il continue ses recherches dans la ville et aux environs : on vous soupçonne d'avoir part à l'évasion de dona Louisa et vos démarches sont suivies de près. Tenez-vous sur vos gardes ; on forme contre vous les plus sinistres projets. J'ai entendu le marquis parler d'assassinat. Edouard vous menace pareillement ; mais d'une manière plus loyale et plus ouverte. Ce n'est pas contre lui que vous avez beaucoup de précautions à prendre : il se croit assez fort pour vous défier au combat. Craignez plutôt les assassins ; ne sortez point sans armes; évitez de passer la nuit dans les quartiers ruinés, surtout sans être accompagné. Adieu, senhor, ne remerciez point un être qui s'estime trop heureux de pouvoir vous dédommager du mal qu'un instant il a pu vous faire. »

Je suivrai les avis de dona Maria, mon ami, et sans me cacher je me tiendrai sur mes gardes : je réponds qu'il n'y aura point de *Matador* (1) qui ne courre risque de sa vie en attaquant la mienne. Quant au comte je l'attends. Quoiqu'ici on se fasse un jeu de l'assassinat, tandis qu'on regarde le duel comme un crime, je n'adopte point cette morale des lâches et je suis bien aise qu'Edouard paraisse

(1) *Matador,* assassin de profession.

dans les mêmes sentimens. Ses procédés et ses intentions envers dona Louisa manquent de délicatesse et je serai charmé qu'il me fournisse l'occasion de l'en punir.

LETTRE XXVII.

7 mars 1756.

J'ai reçu des nouvelles du père Dun's-tan : il me mande qu'il a cru que le premier novembre serait le dernier jour de sa vie , ainsi que de l'existence de son couvent, toute la montagne semblait ébranlée jusque dans ses fondemens. Des masses enormes de rocher se sont détachées et ont roulé dans les gorges , surtout du côté du midi ; une brume épaisse dérobait les objets ; un bruit semblable à celui de plusieurs chariots se faisait entendre. Soudain un horrible secousse vint agiter la cime sur laquelle repose le petit couvent de *Nossa Senhora de la Penha*. Les oscillations du clocher étaient visibles. La partie appelée le bâtiment des Hôtes s'écroula avec fracas et les bons pères crurent un instant que la maison entière s'abîmait dans les entrailles de la terre, ou se précipitait dans le vallon d'*Abruneiras* (1) ; tous étaient en prières : pour lui, après avoir recommandé son âme à Dieu et s'être résigné à sa volonté suprême, il s'occupa d'observations météorologiques et se mit à étudier toutes les circonstances de ce terrible phénomène. L'honnête vieillard a pris des informations sur mon compte, dès qu'il l'a pu et il a appris par quelques hiéronimites de *Bélem*, que j'avais échappé au fléau dévastateur. Il finit, par sa recommandation favorite d'être prudent et de me défier des embûches du marquis, qu'il a si bien contribué

---

(1) Un des témoins occulaires de ces circonstances existait encore dans ce couvent en 1800.

pour sa part à me faire connaître

Dona Maria m'a encore instruit des démarches de mon ennemi. Il s'est fait autoriser à prendre des informations dans tous les couvens du royaume sur la retraite de sa fille : ainsi on ne peut manquer de la découvrir bientôt. J'en ai prévenu Louisa et la supérieure des Olivaes. La première est résolue de ne point quitter son asile et la seconde va faire des démarches pour intéresser l'archevêque de Lisbonne, afin qu'on ne lui enlève pas sa pensionnaire contre son gré. Les régisseurs des différentes maisons de campagne qui appartiennent à ma famille nous ont appris que des émissaires y avaient paru sous différentes formes, cherchant à épier ce qui s'y passait. Je sais en outre que dona Thérésa, aussi soupçonnée que moi, a donné lieu à de semblables recherches dans les terres qui lui appartiennent, ainsi que dans celles de ses parens, surtout à San-Pédro.

Quant à moi, je me suis déjà aperçu qu'on suivait mes pas et je me suis amusé à promener mes espions sur toutes les directions possibles. Je rencontre souvent des figures qui m'examinent d'un air suspect ; mais la manière dont je les regarde les déconcerte et leur prouve que je suis sur la défensive. Ce qui me rassure, c'est qu'au moins je les verrai en face ; car tu sais que le point d'honneur de ces *Matadors* de profession est de ne frapper leur victime que par devant. Où le point d'honneur va-t-il se placer. Au reste les voleurs de grand chemin en Angleterre, ont bien le leur ; pourquoi nos sicaires n'en auraient-ils pas un à leur manière ?

Nous avons le plus beau mois de mars possible et je me promène beaucoup dans les environs. L'autre jour je m'arrêtai dans quelques villages, ce qui fut cause que le lendemain ils furent explorés par les espions chargés de veiller sur mes démarches. Je rirais de leur obsession continuelle, si elle ne me privait de faire des visites plus fréquentes à Olivaes, non que je croye pouvoir empêcher qu'on ne sache que tôt ou tard ce couvent sert de refuge à la pauvre Louisa ; mais parce que je ne veux pas prêter des armes contre elle. Je dirige mes courses sur des routes tout-à-fait opposées et je donne ainsi le change à mes ennemis. Lautre jour je voulus traverser le Tage pour aller débarquer à *Casilha* : à peine étais-je à quelque distance du rivage que je vis une barque commune à deux rameurs s'en détacher et voguer après nous. Elle contenait deux personnages que j'avais déjà cru voir attachés à mes pas. Pour m'en convaincre , je fis changer de direction à ma barque et forçant de rame je m'enfonçai dans la grande rade du côté d'Aldée Galégue; J'aperçus bientôt la petite barque qui déployait sa voile et faisait la même route que la mienne. Antonio et nos rameurs qui tous étaient à la livrée de notre maison, en furent irrités et m'offrirent de jouer quelques mauvais tours à ces insolens. Je m'y prêtai d'autant plus que j'étais bien aise de savoir à qui j'avais affaire. Nous forçâmes donc de rame et doublant un petit cap, je débarquai à la hâte avec António et deux autres de mes gens bien armés, laissant le reste à la garde de notre bateau. Nous fûmes nous poster derrière une haie de hauts aloës et nous attendîmes nos ennemis qui eurent bientôt l'imprudence de venir s'arrêter dans le même lieu que nous. Les deux personnes descendirent à terre et prirent le même chemin dans lequel nous étions embusqués, sans doute pour découvrir nos traces. A peine furent-ils à notre portée que nous fondîmes sur eux au moment où ils s'y attendaient le moins. En arrachant les manteaux qui les couvraient, nous reconnûmes sur eux la livrée du marquis. Ils mirent le stylet à la main pour se défendre, ce qui n'empêcha pas qu'on ne les eût bientôt désarmés Ils. en furent quittes pour quelques coups de bâton que leur donnèrent Antonio et mes rameurs. Alors ils se jetèrent à genoux en demandant grâce. Je la leur promis s'ils voulaient me déclarer franchement leurs intentions. Ils m'avouèrent qu'eux et six autres de leurs compagnons s'étaient engagés à suivre mes pas, à épier mes démarches et enfin à se défaire de moi lorsqu'ils en trouveraient l'occasion favorable et lorsqu'ils seraient convaincus que leurs recherches pour trouver dona Louisa étaient inutiles. Mes gens furieux voulurent assommer ces deux scélérats : je les arrêtai, en leur rappelant que j'avais promis la vie à ces misérables. Je me contentai de les prêcher et de leur faire sentir toute l'horreur du métier qu'ils faisaient. Ils me jurèrent par *St.-Antonio dos Capuscos*, par *Nossa Senhora do Cabo* (1), *Nossa Senhora de Penha de France* (2), *Nossa Senhora de Madre de Dios*, et par une foule d'autre saints, qu'ils respecteraient toujours ma vie et mes actions.

---

(1) *Nossa Senhora do Cabo*, image miraculeuse sur la pointe la plus avancée du *Cabo d'Espichel*, au sud de l'embouchure du tage.

(2) *Penha de France* (Pierre de France), couvent sur une hauteur, à l'est de Lisbonne : on y montre une pierre où est, dit-on, empreint un pied de Jésus-Christ. J'ignore pourquoi on l'appelle Pierre de France.

En parlant ainsi , ils se prosternèrent et baisèrent le bas de mon manteau. Je leur dis de se relever et leur montrant mon épée et mes pistolets, je je les engageai d'assurer leurs associés que c'était avec ces armes que je comptais les recevoir. Je suis bien sûr d'être à jamais délivré de ces deux-ci, et comme les coquins sont lâches, j'espère que les autres y regarderaient à deux fois avant de m'attaquer.

Nous revînmes au rivage avec nos deux prisonniers ; et là je fus obligé de calmer un autre rixe qui s'était élevée entre mes rameurs et les deux bateliers. Les miens leur avaient reproché de servir deux assassins et les autres s'étaient défendus en disant qu'ils étaient au service de tout le monde et qu'ils ignoraient les intentions de ceux qu'ils conduisaient. La chose pouvait être vraie ; mais les injures et les coups s'en étaient suivis. Les deux bateliers auraient fini par succomber, si je n'étais arrivé à temps. Ces pauvres gens me remercièrent, m'assurèrent de leur innocence et pour me le prouver ils déclarèrent qu'ils aimaient mieux renoncer à leur salaire, que de ramener les deux scélérats qui avaient voulu attenter à la vie d'un *si bon et si illustre* seigneur. J'essayai envain de les faire changer d'avis; ils tinrent à leur résolution. Il entrait peut-être un peu de crainte dans le parti qu'ils prenaient: j'eus cependant l'air de leur en savoir gré et tirant une pièce d'or de ma poche, je la leur jetai d'un air tout-à-fait théâtral, en disant que je ne voulais pas qu'ils perdissent le fruit de leur coûrse pour l'amour de moi. A la vue de cet or ils sautèrent de joie, se précipitèrent dans leur barque, et tirant leur Saint-Antonio de sa niche, ils lui adressèrent en ma faveur une prière si comique qu'elle nous fît tous rire aux éclats.

Les deux agens du marquis faisaient une fort sotte figure : il était tard, ils se voyaient réduits à passer la nuit sur le rivage, ou bien à aller chercher un asyle dans quelque village éloigné, où peut-être on leur fermerait la porte. Les nuits ne sont pas encore assez chaudes pour coucher sans risque à la belle étoile. J'en eus pitié et je les fis entrer dans ma barque : j'espérais en tirer parti, et les ayant placé près de ma tente dont je laissai les rideaux ouverts, je tâchai indirectement d'en obtenir quelques lumières ; mais soit qu'ils ne voulussent pas s'expliquer, devant tant de monde, soit en effet qu'ils n'eussent plus rien à me découvrir, ils ne me donnèrent aucun éclaircissement. Seulement ils me nommèrent quelques rues où je devais éviter de passer sans précaution, et lorsque nous nous sé-

parâmes au rivage , ils renouvelèrent
leur promesse de n'être plus pour rien
dans ce qu'on pourrait entreprendre
contre moi.

LETTRE XXVIII.

18 avril 1756, Nossa Senhora de la Penha.

L'HORIZON se rembrunit, mon cher don Joan, je vois s'ouvrir pour moi la carrière du malheur et peut-être l'ai-je mérité aux yeux du ciel en courroux. Le sang d'un homme a coulé par ma main et son dernier soupir est prêt à s'exhaler. Je sais que je n'ai aucun tort aux yeux des gens de ma classe ; je sais que l'Europe entière a consacré le préjugé qui m'a obligé de répondre à une odieuse provocation. Quels droits avais-je, moi, simple individu, pour refuser de me soumettre à l'opinion publique ? fallait il me résoudre à porter le poids de l'opprobre et du deshonneur ? Fallait-il m'exposer aux insultes répétées de ces êtres qui font les braves vis-à-vis de ceux qu'ils croyent des lâches ? Ah !

plutôt mourir mille fois que de supporter une si honteuse existence! Non, je n'ai pas cette sorte de courage, si c'en est un. Cependant les remords m'agitent malgré moi. Ce malheureux baigné dans son sang, renversé dans la poussière et en proie à toutes les horreurs de l'agonie! Mon ami, celui qui loin d'éviter de pareilles scènes, cherche au contraire à les faire naître, celui-là, dis-je, est un tigre dont il faut purger la société.

Tu te figures aisément qu'Edouard est la victime que son mauvais destin a fait tomber sous mes coups. Le marquis voyant que j'avais déjoué ses assassins et qu'il ne pouvait plus les faire agir contre moi, s'est plu à exciter la fureur du jeune comte et, pour ainsi dire, à le lancer sur moi. Je m'y attendais, mais je supposais que mon rival mettrait dans sa conduite des formes plus calmes et plus loyales.

Je me suis trompé : une scène publique de propos injurieux a indigné tous les gens honnêtes et m'a mis dans le cas de ne pouvoir laisser un pareil affront impuni. J'ai voulu exiger des excuses authentiques : il n'y a répondu que par un défi en termes insultans. Je me suis rendu au lieu désigné par lui, au milieu des ruines solitaires, dans l'enceinte même ou se trouvait le palais du marquis, où Louisa me semblait encore présente à mes yeux. Les témoins ont en vain tenté les voies de conciliation. Edouard n'y a répondu qu'en se précipitant sur moi, l'épée et le poignar à la main. Il est exercé dans ce genre de combat; mais la fureur l'aveuglait: ses coups trop précipités n'étaient guidés que par une rage insensée. Pendant quelque temps je suis resté sur la défensive, la pointe de mon épée basse, parant de la main gauche avec mon poignard, et engageant mon adversaire à plus de sang-froid. il est devenu plus calme , a repris un moment haleine et bientôt le combat a recommencé d'une manière plus régulière , j'ai reçu une légère blessure ; la vue de mon sang m'a animé ; j'ai attaqué à mon tour avec suite et vivacité et le comte enfin est tombé percé de part en part , entraînant avec lui mon épée. Le chirurgien est accouru ; l'arme a été retirée du corps ; le blessé a perdu alors tout-à-fait connaissance et sa vie a été déclarée en danger ; on lui a mis un premier appareil et on l'a transporté dans une litière : quant à moi, mes amis m'ont conduit à ma chaise et m'ont conseillé de chercher un asyle dans quelque couvent. La montagne de Cintra et le père Dunstan, se sont présentés à mon imagination, et mes mules m'ont rapidement entraîné vers cette paisible demeure de l'amitié.

J'ai été reçu à bras ouverts : le bon

religieux ne m'a point fait de reproches inutiles ; il a levé les yeux au ciel
comme pour lui demander mon pardon. Il est né dans un pays où le point
d'honneur règne avec un empire absolu ; il a passé sa jeunesse dans l'état
militaire ; je devais donc trouver en
lui plus d'indulgence que dans tout
autre. Il m'a fait donner une cellule
vacante ; parce que le bâtiment des
hôtes est en ruines, comme je crois
déjà te l'avoir mandé. Sans faire part
à ses confrères du motif de ma retraite,
ce prudent ami leur a fait entendre qu'u-
ne affaire fâcheuse m'obligeait à ce parti. Heureusement pour moi le ministre
n'est pas ennemi du duel : il a senti
plus d'une fois combien l'éloignement
du militaire portugais pour ces sortes
de combats produisait de funestes effets, et raisonnant en politique, plus
qu'en moraliste et en chrétien, il a
pensé que des vengances particulières,

des querelles grossières et scandaleuses, des pugilats dignes de porte-faix étaient de bien plus grands inconvéniens que quelques combats singuliers qui rarement ont des suites fâcheuses et qui du moins ont l'avantage de maintenir un certain esprit guerrier et d'obliger les jeunes gens à se ménager entre eux.

LETTRE XXIX.

Nossa Senhora de la Penha, 26 avril 1756,

ANTONIO, que j'avais dépêché vers ma famille, est revenu m'annoncer une nouvelle affligeante, sur laquelle cependant je devais compter. Les recherches du marquis dans les couvens, ont eû les résultats qu'elles devaient avoir: la retraite de Louisa est connue. La supérieure eût eu de la peine à résister aux réclamations d'un père qui redemandait sa fille, surtout appuyé par l'autorité ; mais Louisa a déclaré qu'elle se vouait à la vie religieuse et quelle demandait à entrer au nombre des novices. Alors elle s'est vue protégée par le patriarche, l'archevêque, l'inquisition, les jésuites, et quoique le comte d'Œyras brave un peu toutes les autorités ecclésiastiques, même celle de Rome, le motif ne lui a pas paru assez important dans cette occasion pour passer outre et agir contre une telle puissance ; il protège, il est vrai, le marquis, mais il ne l'aime, ni ne l'estime et la défense de ses intérêts ne peut-être qu'un objet bien secondaire à ses yeux. Le marquis a pris le parti de céder à la nécessité et même il a paru s'y prêter de bon gré, afin de s'en faire un mérite auprès du clergé. Tu ne croirais pas qu'avec sa conduite connue et son manque absolu de principes, le marquis est un des fidalgues les plus attachés en apparence aux pratiques du culte. Il en observe les cérémonies avec exactitude ; il est membre de deux ou trois confréries et souvent, la torche à la main, il marche aux processions ou suit le viatique de sa paroisse. Peut-être en ce moment un des motifs de sa condescendance pour la résolution de sa fille est encore le désespoir de voir s'anéantir les rèves de sa vanité par la fin plus que probable de celui qu'il pourrait, s'il était susceptible de remords, se reprocher d'avoir précipité dans le tombeau.

Louisa est instruite de cet événement et son affliction est sincère : son père et moi en sommes les principaux objets : Edouard lui-même excite sa pitié, quoiqu'il soit la cause des persécutions qu'il éprouve. Elle croit que le parti qu'elle prend contribuera à ma tranquillité et arrêtera les poursuites qu'on pourrait faire contre moi. Ce voile blanc qui va la dérober au monde, lui laisse deux ans d'intervalle avant d'y renoncer pour toujours. Elle se flatte que la haine de son père pourra s'éteindre pendant ce temps et que d'heureuses circonstances la rapprocheront peut-être de moi. Vaine illusion, mon ami ! qu'il serait cruel de détruire cependant, si elle peut lui présenter des images qui sourient à son imagination, si elle peut charmer les momens de sa solitude. Bonne et constante Louisa, s'il ne fallait pour ton bonheur que renoncer à toi et par conséquent à la vie, je me sacrifierais sans peine ; mais l'existence nous est devenue tellement commune que la perte de l'un entraînerait celle de l'autre, et tu serais aussi malheureuse de mon abandon que je le serais moi-même du tien, suivons donc notre destinée, ou plutôt luttons ensemble contre elle ; peut-être parviendrons-nous à vaincre sa sinistre influence.....

Ici, la campagne est dans sa parure tandis qu'elle ne fait que de naître dans le climat vaporeux que tu habites. Déjà les parfums de l'oranger et du citronnier montent jusqu'à ma demeure aérienne, tantôt du fond des gorges du midi, tantôt des quintes de Cintra. Je vois de loin l'arbre de Judée orné de ses fleurs précoces : les bruyères et les genêts de la montagne entremêlent leurs couleurs rouges et jaunes. L'air est vif et pur, et pourtant je ne respire pas librement et mes sombres idées ne sont point en harmonie avec le spectacle de la nature. Un poids est là, sur mon cœur, un nuage sur mes yeux ; je ne vois les objets qu'à travers un voile funèbre, et telle est la disposition de mes esprits que nulle douce pensée ne vient à travers les rêves pénibles de mon imagination. Rien ne peut m'en distraire que la conversation pleine de charmes et d'instruction de mon vénérable ami. Il rend un peu de ressort à mon âme, il se permet même cette gaîté modérée et demi-sérieuse qui peut se montrer sans choquer l'infortune. Je le suis dans ses expériences scientifiques qu'il m'explique et sait mettre à ma portée avec cette complaisance que le véritable savant a toujours pour l'ignorance modeste, les heures que je passe avec lui ont encore quelque agrément, je ne redoute que celles où je suis livré à moi-même. Pour que je me trouvasse moins malheureux, il me faudrait peut-être moins de repos; rien de pis que l'inaction pour l'infortuné; la réflexion est sa plus mortelle ennemie.

Cependant mon affaire n'a point de suite, on a l'air de l'ignorer et je vais sous peu de jours rentrer dans ma famille. Edouard vit encore, mais dans un état de langueur qui ne laisse que peu d'espérance. Bien loin de sentir en moi assez de haîne pour désirer la mort d'un ennemi, il me semble que sa guérison me délivrerait d'un reproche vague que me fait ma conscience, quoique dans tout ceci il ait été bien plus coupable que moi. Au reste, je le répète, ses torts sont plus ceux du marquis que les siens; il doit ses défauts à une mauvaise éducation, chose trop commune dans les premières familles du royaume. Peut-être eût-il été ramené à des principes plus sages et à une conduite plus raisonnable, s'il fût tombé en d'autres mains que celles de l'indigne père de Louisa ; peut-être même, s'il eût été possible qu'il devînt l'époux d'une personne aussi vertueuse et d'un aussi noble caractère, son âme se serait-elle épurée par une telle union ce ne serait pas le premier exemple de l'influence et de l'empire de la vertu sur le vice qui n'est pas enraciné.

LETTRE XXX.

Tour de Bélem, le 9 mai 1756.

C'est au mois de septembre prochain que doit se faire la cérémonie de la prise du voile blanc pour Louisa. La supérieure des Olivaës a trouvé le moyen d'obtenir ce retard que peut-être elle aura l'art de prolonger encore ; mais probablement le marquis n'a pas cru le noviciat de sa fille une barrière suffisante entre elle et moi. Soit par ce motif, soit par un pur esprit de vengeance, il a sollicité du ministre une mesure sévère qui va pour long-temps m'éloigner du Portugal et qui, en attendant, me retient captif dans cette prison d'Etat.

J'étais rentré au sein de ma famille ; j'avais revu Louisa, ma main avait pressé la sienne à travers la grille ja-

louse et nous nous étions juré de nouveau une constance inébranlable. J'a-
vais retrouvé le calme auprès d'elle ;
l'assurance d'être toujours aimé me
redonnait une nouvelle vie et dissipait
les nuages de mon imagination. Une
circonstance contribuait encore à rendre la paix à mon cœur. Appelé près
d'Edouard, il me tendait une main
amicale ; sa bouche avait prononcé
l'oubli du mal que je lui avais fait en
me demandant pardon des torts qu'il
reconnaissait avoir eus envers moi.
Quant à ceux que Louisa pouvait trop
justement lui reprocher, je m'étais
chargé, pour prix du pardon qu'elle
consentirait à lui accorder, de lui jurer
qu'il renonçait pour toujours à une
union qui la contrariait et la rendait
malheureuse. Enfin ses faibles bras
m'avaient serré affectueusement, en
sollicitant mon amitié et mes conseils
pour se conduire dans le monde, s'il

lui était encore donné d'y reparaître; Peut-être l'événement le plus funeste en apparence allait-il rendre un jeune homme à la vertu et me procurer un ami de plus; les illusions du bonheur qui séduisent si facilement notre esprit commençaient à occuper le mien, tout a été détruit, tout s'est dissipé en un moment.

Un messager d'état vint l'autre jour m'ordonner de me rendre, sans tarder, chez son excellence le seigneur comte, c'est-à-dire chez le ministre. Je ne m'avisai pas de demander les motifs de cet ordre à ce subalterne qui ne devait pas en être instruit; mais je passai sur-le-champ chez mon père qui, prévoyant les suites probables de cette visite, tira de son sécretaire un rouleau de cent pièces et me les donna pour fournir à mes premiers besoins. Après m'avoir fortifié de ses conseils paternels et m'avoir embrassé tendrement ; en retenant les larmes que je voyais rouler dans ses yeux, il me conduisit à ma voiture où je montai, quand j'eus encore été serré dans ses bras. Je me rendis à Bélem où sont les bureaux depuis que la cour occupe le palais d'*Adjuda*, celui de Lisbonne n'étant plus qu'un monceau de ruines. Je fus introduit dans l'antichambre de son excellence : c'était la première fois qu'on m'y voyait, aussi ma présence causa-t-elle beaucoup d'étonnement aux habitués qui s'y trouvaient. On me considéra, on chuchota ; personne n'ignorait la mésintelligence de mon père avec le ministre, et par les mots entrecoupés que je pouvais recueillir je voyais qu'on imaginait que je venais ménager un rapprochement, et l'on se perdait en conjectures sur les causes et sur les suites de cet événement. Pour moi, après avoir passé quelque temps en observations, je me mis à penser aux reproches, aux questions que pourrait me faire le comte ; je me figurais qu'il ne serait question que de ce malheureux combat, et j'avoue que je ne trouvai d'autre moyen de défense que d'assurer qu'Edouard lui-même m'avait pardonné ; car j'aurais cru manquer à la délicatesse en parlant de ses torts réels. J'étais d'ailleurs décidé à me montrer respectueux sans avilissement, ferme sans rudesse et si je ne cherchais pas à plaire, d'éviter au moins de heurter.

Le cabinet du ministre s'ouvrit enfin pour moi : Je fus appelé et je conviens que je ne pus me défendre d'un peu d'émotion, en paraissant devant celui qui maîtrise les intérêts du Portugal dans les quatre parties du monde et qui dans ce moment était l'arbitre de ma destinée. Néanmoins je sus si bien renfermer en moi-même cette légère impression que je suis persuadé qu'il n'a pu s'en apercevoir ; je me serais senti humilié si j'avais cru le contraire. Le comte me reçut d'un air grave, mais extrèmement poli, et m'invita même à m'asseoir. J'attendis qu'il m'adressât la parole, ce qu'il ne tarda pas à faire en ces termes : « Qoique j'aie à me plaindre, seigneur, de votre famille en général, qui semble blâmer mon administration et refuser de la seconder, je n'en ai pas moins pour vous un estime particulière ; vous avez des qualités et des connaissances qui ne sont pas communes parmi les jeunes gens de votre classe ; mais je suis fâché de voir qu'au lieu de les employer au service du roi ou à quelqu'objet d'utilité, vous passiez votre temps à des intrigues qui portent la division entre un père et sa fille. Vous entretenez une passion qui rend cette dernière rebelle aux vœux de celui à qui elle doit respect et obéissance. Etant, au nom du roi , le protecteur naturel des mœurs et de l'ordre dans les familles , je suis obligé d'exiger de vous une renonciation formelle à vos prétentions sur dona Louisa de ***. Le ministre s'arrêta , attendant ma réponse. Mon esprit s'était préparé sur un autre sujet et je ne m'étais nullement attendu à une pareille attaque en sorte que, dans ma surprise , je gardai quelque temps le silence. Bientôt revenant de mon premier embarras ; « je désirerais beaucoup , répondis je, faire quelque chose qui pût être agréable à sa majesté et à votre excellence ; mais ce qu'elle me demande passe mon pouvoir et j'ose dire que je n'ai pas même le droit de le faire. Les engagemens que j'ai contractés avec dona Louisa , du consentement de son père , ne peuvent être anéantis qu'autant qu'elle y renoncera elle même. Si loin de là elle fait consister son bonheur dans mon attachement pour elle; dans l'espoir de ramener l'auteur de ses jours à des sentimens plus doux et d'obtenir son consentement pour notre union, vous êtes trop juste, monseigneur, pour exiger que je la paye d'ingratiude et de perfidie.» — « C'est bien là, reprit le ministre, le langage d'un jeune homme amoureux; mais comme je ne puis, moi, me prêter à toutes ces petites passions; voici l'alternative que je vous propose. Vous épouserez dona Isabella, fille du comte d'Idanha, sous quinze jours, et vous aurez un gouvernement pour présent de noces, ou, si vous préferez le célibat, vous partirez pour Malte d'où vous ne reviendrez que quand vous aurez prononcé vos vœux. Le Roi vous fournira les fonds nécessaires pour faire vos caravanes et tenir galère; à votre retour vous aurez une commanderie de l'ordre d'avis, outre vos droits

à celle de Malte, et une place distin-
guée dans la marine, ou dans les troupes de terre, selon votre choix. Si dé-
daignant les bontés de sa majesté,
vous vous refusez à prendre l'un de ces
deux partis, je ne vous cache pas que
son intention est que vous soyez exilé
au Brésil, jusqu'à ce que dona Louisa
ait contracté un autre mariage, ou
prononcé des vœux irrévocables. »

de telles propositions auraient pu
séduire un jeune homme qui aurait eu
plus d'ambition que de délicatesse et
d'amour. Quant à moi, malgré l'éclat
des emplois qui m'étaient offerts,
quoique dona Isabella qui est sœur
d'Edouard passe pour une des plus
belles personnes de la cour, je n'hé-
sitai pas un moment sur le parti que j'a-
vais à prendre. Lors-même que je
n'aurais pas eu des motifs tous puissans
d'amour et de fidélité pour Louisa, je
sentais combien il eût été inconvenant

de devenir à ce point *l'obligé* d'un ministre ennemi de mon père, ennemi de presque tous les fidalgues dont je suis parent ou allié. Ces bienfaits m'étaient offerts, il est vrai, au nom du roi ; mais en les acceptant je m'engageais à la reconnaissance pour celui qui, dans la réalité, me les faisait obtenir. Je fis donc mes remerciemens au comte d'Œyras, et je lui exprimai le regret que j'avais de me refuser aux bontés du roi et de m'exposer à lui déplaire, en préférant l'exil à un parti que mon honneur ne me permettait pas de suivre. — « Dites votre amour insensé ; interrompit le ministre, au reste, ajouta-t-il avec tranquillité, je m'attendais à cette résolution de votre part, et si je suis obligé d'employer les voies de rigueur, on ne pourra pas au moins m'accuser d'animosité à votre égard. D'ailleurs vous avez huit jours pour réfléchir et vous décider. Si vous revenez, d'ici à ce temps, à des idées plus raisonnables, je tiendrai mes promesses; sinon vous vous embarquerez sur une frégate qui part la semaine prochaine pour *Rio-Janeiro*. » Il fit alors appeler le capitaine de garde chez lui : « Demandez, lui dit-il, l'épée du seigneur don Carlos et conduisez-le à la tour de Bélem où vous recommanderez qu'on ait pour lui les égards qui lui sont dus. — Adieu, Seigneur, ajouta-t-il, en se tournant vers moi, j'aurais désiré que notre entrevue eût eu une autre fin. » Je le saluai en silence et je suivis mon guide. Il monta avec moi dans ma chaise et me conduisit sur le rivage, vis-à-vis la tour de Bélem, située sur un rocher, entourée des eaux du Tage. En attendant que la barque du fort vînt nous prendre, il me fut permis de m'entretenir avec Antonio, de lui dire d'aller prévenir ma famille et de m'apporter

tout ce qui m'était nécessaire. Le capitaine eût même l'attention de s'écar-
ter un peu, pour ne poit gêner notre
conversation.

La barque arriva et j'y entrai seul
avec lui, laissant sur le rivage mes gens
affligés, auxquels je fus obligé de réi-
térer l'ordre de retourner chez mon
père. Le capitaine remit mon épée au
commandant qui me reçut avec beaucoup de politesse et m'introduisit dans
la plus belle chambre, qui n'est pourtant qu'une vraie chambre de prison.
J'ai la permission de prendre l'air sur
le donjon et sur une espèce de terrasse
en avant de la tour. Je corresponds
avec ma famille, qui me fait passer les
fonds nécessaires pour mon voyage.
J'ai instruit de mon sort Louisa, qui
s'en afflige d'une manière immodérée.
Généreuse fille! elle me dit de la sacrifier, de renoncer à elle pour éviter
cet odieux exil, de l'abandonner à sa

malheureure destinée et d'accepter les bienfaits du ministre. Mais plus elle me montre de désintéressement, plus tu sens qu'elle augmente mes obligations envers elle. Éternel amour, éternelle constance ! voila mes sermens : les ministres, les rois, nulle puissance au monde ne pourront les rompre, pas même la mort.

LETTRE XXXI.

A bord de la frégate la *** le 18 mai 1756.

Il est accompli ce cruel sacrifice, le premier que j'aie pu faire à l'amour. Puis-je m'en repentir en pensant à tous ceux de Louisa pour moi, à ceux qu'elle serait prête à faire encore ? Quelques années d'exil ! qu'est ce en effet en comparaison du dévouement absolu de cette fille chérie ? Ma vie suffirait à peine pour payer tant de tendresse ; mais si le repentir ne peut entrer dans mon âme, je ne puis me défendre de quelques regrets. Ce n'est pas, tu t'imagines bien, pour les vains honneurs que m'a proposés le ministre. Non, je le dis avec sincérité, ils n'ont pas excité en moi la plus légère tentation. Si mon cœur éprouve un secret retour, c'est vers une famille chérie, vers une patrie dont je ne me suis jamais éloigné depuis mon enfance, vers cette bonne et sensible Louisa dont je ne verrai de longtemps les traits aimables, dont je n'entendrai plus la voix touchante et dont peut-être j'aurai beaucoup de peine à recevoir des nouvelles. Je ne m'en défends point, mes larmes ont coulé à tous ces souvenirs chéris : je ne me pique point d'un orgueilleux stoïcisme. Je trouvais tant de bonheur à être entouré de persounes qui m'aimaient. Avec qu'elle satisfaction je payais à mon père mon tribut d'hommages et de respect! il était pour moi l'image de dieu sur la terre. Et cet excellent frère et cette aimable sœur, comme ils partageaient mes peines! avec quel intérêt ils écoutaient le récit de mes infortunes! combien de fois leurs yeux se sont mouillés, quand ils m'ont vu malheureux et souffrant! sans doute ils pleurent encore mon éloignement et s'occupent à consoler mon père. Si tu savais combien ils chérissent Louisa: ils sont déjà accoutumés à la regarder comme une seconde sœur. Et qui ne l'aimerait pas ? Tant de force d'âme alliée à une si grande douceur de caractère, un cœur si aimant, si dévoué, sous des formes dont l'ensemble présente l'image de la séduction même ! Oui, elle est faite pour plaire à son sexe comme au nôtre, parcequ'elle fait pardonner une supériorité qu'elle semble ignorer : l'esprit plaît, la beauté séduit ; mais la bonté seule se fait aimer.

Nous sommes sortis du Tage ; nous n'avons pas encore doublé le cap d'*Espichel* qui, avec le cap *La Roque*, forme la rade Foraine du Tage ; à travers l'obscurité je puis entrevoir encore le fort Saint-Julien et la tour du Buggio : il faut dire un long adieu à ce beau fleuve ; demain j'en serai déjà loin. Quelques vaisseaux marchands doivent nous rejoindre à la hauteur de Sétuval : ainsi je reverrai encore les côtes du Portugal, cette terre sacrée pour moi, cette terre où respire tout ce que j'aime, tout ce qui m'attache à l'existence......

le 19

Le jour a reparu et mon espérance a été trompée : les vaisseaux de Sétuval nous ont rejoint cette nuit et nous sommes hors de la vue des côtes. Le vent est faible, les voiles s'enflent à peine et nous n'avançons que lentement. Croirais-tu que je désire quelquefois qu'une tempête nous repousse dans le Tage ? Qu'y trouverais-je cependant ? Une prison ; mais il me semble qu'une prison sur les bords du Tage serait préférable pour moi, à la liberté dans les vastes contrées du

Brésil. Ne serais-je pas en effet plus près de Louisa ? Mes amis pourraient peut-être pénétrer jusqu'à moi : il me semble que je serais moins isolé. Je vais être absolument au milieu d'étrangers et d'inconnus. On ne m'a pas même permis d'emmener mon fidèle Antonio: ce qui me console , c'est que forcé de se séparer de moi , il m'a promis de veiller aux intérêts de mon amour et je suis sûr qu'il tiendra sa parole.

Rade d'Angra , ce 3o mai.

Me voilà devant la capitale de l'île de Terière et de toutes les Açores. On m'assure que je suis encore en Europe ; je le crois quand j'ai ma carte et mon compas à la main ; mais non lorsque je vois le climat de ces îles exposées aux tempêtes de l'océan atlantique, et moins encore lorsque j'en contemple les habitans..... Mais déjà le signal du départ est donné ; l'ancre est levée , la frégate se balance sur les ondes et déploye lentement ses voiles, tandis que les vaisseaux qu'elle doit convoyer quittent successivement la rade et gagnent la haute mer. Adieu donc à l'Europe, à la plus belle partie du monde, à la patrie des arts et de la civilisation, où le penchant des hommes à la férocité, est adouci par l'esprit de société, par le commerce, par la religion dépouillée de ses abus. Adieu au foyer des sciences qui tous les jours y font de si rapides progrès, aux beaux-arts qui procurent tant de nobles jouissances et font le charme de la vie. L'homme sans doute peut-être heureux sans vous, mais c'est lorsqu'il ne vous a jamais connus, lorsque vous n'avez pas ouvert pour lui la vaste carrière que vous offrez à la pensée. Adieu à ces climats heureux dont la température est la plus favorable à l'espèce humaine, où la nature semble avoir pris des formes plus douces. Adieu à ce sexe charmant qui là, mieux qu'ailleurs, a le don de plaire par des grâces plus séduisantes, par une éducation plus étendue et des talens plus soignés. Adieu enfin, toi, la plus aimée d'entre les femmes, toi qui seule embellirais le monde à mes yeux, toi pour qui je me soumets au plus cruel exil. Puisse-tu au moins, dans l'asyle qui te cache, sous le voile qui va te dérober à tous les regards, jouir du calme du cœur et conserver au moins l'espérance !

Il faut quitter ces lieux, il faut ajouter encore à mon éloignement des bords du Tage toute la largeur de l'océan. Je profite pour t'envoyer cette lettre, d'un vaisseau français qui est en rade, et dont les passagers plus heureux que moi, vont bientôt respirer l'air de la patrie. Le ciel sait maintenant quand je pourrai t'écrire

et si même j'en aurai la possibilité.
Cependant sois certain que j'en saisirai
toutes les occasions : je joindrai aux
lettres que je t'adresserai celles pour
Louisa et celles pour ma famille, que
je ne voudrais pas confier à la voie ordinaire. Pour tes réponses, tu pourras
toujours user du canal accoutumé, celui
de la légation française. Adieu, mon
ami, mon cher don Joan ! Ah ! cet adieu
là est bien plus triste que ceux que je
te disais de notre pays commun.

LETTRE XXXII.

A bord de la frégate, le 24 juin, minuit.

Nous avons passé la ligne ; la nuit est silencieuse , tout repose , excepté les hommes de quart et moi qui promène dans le vague, mon inquiétude mélancolique. Tantôt mon esprit se transporte dans ce coin du monde où loin de moi , réside un objet bien tendrement chéri. Que fait à présent , me dis-je , que fait ma douce Louisa ? étendue sur sa couche , au fond de son humble cellule , le sommeil y repose-t-il avec elle ? on le dit ami de l'innocence : il doit se plaire auprès de ma Louisa : il doit fermer les yeux de la tranquille beauté qui adore Dieu, aime ses devoirs et pratique la vertu : il doit l'entourer de songes aussi purs que son âme. Peut-être sa bouche s'entrouvret-elle pour prononcer le nom de son ami, dont un rêve trompeur lui présente l'image ; elle lui tend les bras ! vaine illusion ! Son ami ne peut s'y précipiter ni l'entendre.

Tantôt à l'aspect de cette mer qui semble sans bornes, de ces étoiles si brillantes sous l'équateur, de ce profond silence qu'à peine interrompt le sillage uniforme du vaisseau, je fléchis le genou et les mains, les yeux levés au ciel, je m'écrie avec l'accent du sentiment : « O mon dieu, vous m'aviez destiné une épouse vertueuse et tendre : elle eût été la plus chérie la plus douce moitié de moi-même ! c'est en votre présence auguste, c'est aux pieds de vos autels sacrés, que nous nous sommes juré une fidélité éternelle et vous savez, grand Dieu, si jamais j'ai regretté mon serment. Nous nous sommes promis une tendresse mutuelle qui ne mourra qu'avec nous, ou qui

même nous survivra, si les attache-
mens terrestres peuvent s'étendre au-
delà du tombeau. Vous me l'aviez
donnée, cette compagne de mes jours
qu'un père injuste veut m'enlever :
vous me l'aviez donnée pour traverser
avec moi la vallée de la vie, pour mêler
quelques charmes aux peines attachées
à notre existence, pour boire à la
même coupe le chagrin ou la consolation. Soutenus l'un par l'autre nous
aurions pu braver les orages de la
fortune. Nos enfans eussent accru
notre force et nous aurions ensemble
glorifié votre saint nom. Dans le malheur, nos larmes auraient coulé en
commun et nos peines affaiblies auraient été partagées, tandis que la
prospérité de l'un eût fait le bonheur
des autres. — Voilà quel serait notre
sort ; mais vous ne l'avez pas permis,
grand Dieu ! vous nous avez séparés,
Louisa et moi, pour jamais peut-être.

Nos cœurs se sont déchirés, nos âmes tendent envain à se réunir. La vigne accusera-t-elle la tempête qui l'a séparée de l'ormeau ? Le roseau osera-t-il se plaindre d'être courbé par l'aquilon ? Je souffre, mais j'adore ; je gémis mais je me soumets........»

Mes yeux se baissent vers l'horizon : quels sont ces feux qui errent en ondulant sur la surface des eaux et qui éblouissent mes yeux ? Un fantôme lumineux semble s'élever de leur sein et s'avancer vers moi. Dieu ! c'est elle : je reconnais ses formes légères et la grâce de ses mouvemens. Elle effleure l'onde : voyez comme elle étend ses bras vers moi , comme elle penche sa tête et semble me jeter un regard douloureusement prolongé ; mais elle fuit sur l'aile des vents et se perd dans l'obscurité , semblable au météore qui s'élève un moment et s'éteint au sein des marais .... Louisa , chere Louisa , ton âme aimante et tendre a-t-elle un moment, pendant le sommeil, quitté ce corps charmant qui lui sert de demeure sur la terre? Que signifie ce coup-d'œil si triste, ces bras tendus, cette fuite précipitée? Est ce un adieu, un éternel adieu? Viens-tu me rappeler les derniers mots tracés de ta main et baignés de tes larmes, ces mots que mon imagination frappée présente sans cesse à mes regards? *Hélas! nous ne nous reverrons jamais!* Mon heure serait-elle venue? Ce point noir que j'apperçois dans le lointain est-il le signal de la tempête qui doit m'engloutir, ou quelque monstre caché, quelque serpent gonflé de venin m'attend-il sur le rivage pour me déchirer et porter dans mon sein l'engourdissement et la mort. Ah! si je péris dans ces contrées éloignées, sous ce climat où tout m'est étranger, ma fin obscure ne parviendra pas jusqu'à toi. Peut-être cependant, quand le riche convoi parti des rives de Rio-Janeiro, portera sur celles du Tage ses trésors long-temps attendus, une voix s'élèvera au milieu de l'allégresse universelle et dira : « don Carlos n'est plus victime du malheur et de l'amour, il a fini ses jours aux bords Américains. » L'indifférence répétera : « don Carlos n'est plus » et la renommée, écho des nouvelles sinistres, fera retentir à ton cœur ces mots déchirans pour toi : « don Carlos n'est plus ! » — Alors ton âme se remplira de deuil ; ta triste cellule entendra tes gémissemens au sein des nuits et tu diras : « je n'ai plus d'ami ! » Ah ! sèche tes larmes. Qu'osé-je prononcer ? Qui peut prescrire un terme à la douleur, fixer la somme des pleurs qu'elle doit verser ? Puisse la main bienfaisante du temps changer la tienne, ô Louisa, en une tendre mélancolie et te garantir des traits mortels du désespoir. Puisse la religion , bien plus puissante encore, te crier sans cesse : résigne-toi , ton Dieu l'a voulu !.... Pour moi, ma froide cendre reposera loin de celle de mes pères , au sein d'une terre que jamais leurs pieds n'ont foulée. La troupe folâtre des vives brésiliennes viendra peut-être un soir , à la lueur de l'astre des nuits danser le gai *londou* près de ma tombe , et faire retentir leurs bruyantes castagnettes : contraste heureux pour le peintre qui saisirait ce tableau ! qu'il peigne encore l'une de ces jeunes beautés , se détachant du grouppe de ses compagnes , pour venir cueillir une fleur sur le gazon qui recouvrira celui qui sut aimer. Va , je serai plus heureux alors dans mon insensibilité que je n'ai pu l'être pendant tout le cours de ma vie..... Ingrat, qu'ai-je dit ; j'oublie que je suis chéri de toi , que j'ai eu l'espoir d'être ton époux ; un temps bien court, il est vrai, mais un temps rempli d'amour et de délices. Oui, je le sens, c'est par ce lien sacré de nos cœurs que je tiens encore à l'existence.

Mais l'astre du jour semble sortir des mers africaines et sans aurore, il dissipe tout-à-coup les ténèbres. Fuyez aussi promptement, fuyez avec elles, images fantastiques, sombres rêves de ma pensée. Réveille-toi, mon âme, sors de ce songe lugubre. Ecoute plutôt la voix mélodieuse de l'espérance : si tu dois te livrer aux prestiges et aux illusions, que ce soit elle qui les fasse naître et ne dédaigne pas de saisir la seule planche secourable qui s'offre à toi dans le naufrage.

Rio Janeiro, ce 3 juillet 1756.

Nous voilà parvenus au terme de notre voyage ; voilà pour moi la terre de l'exil : nous entrons dans la rade de Rio-Janeiro. Comme la nature se dessine ici avec grandeur et majesté ! Ces rivages monstreux, ces rochers coupés à pic, ces anfractuosités bizarres, ces précipices étranges et variés, ces nombreuses îles couvertes de verdure et d'orangers en fleurs, ces forêts qui s'élèvent par gradation et forment un sombre rideau derrière la ville, tout offre à nos regards un spectacle neuf et dont les Alpes et les Pyrénées peuvent seules, je crois, donner quelque idée. La nature semble s'être plu à former sur ce continent qui est son dernier ouvrage des tableaux neufs dont l'ancien monde ne peut aisément présenter l'image. Cette *montagne oblique*, haute de sept cents pieds, qui s'élève perpendiculairement comme une tour à l'entrée du Havre, est une des moindres de celles qui l'environnent. Leurs pointes bleues se perdent dans

les nuages et des vapeurs grisâtres
roulent autour de leurs flancs ; mais
l'apreté de ce tableau est corrigée par
des nuances plus gracieuses. Des arbres, des arbrisseaux de toutes espèces
ornent de leur verdure tous les points
où se trouve un peu de terre végétale.
Sur des endroits même où le roc pa-
rait nu, des plantes s'attachent,
poussent leurs racines entre ses fentes
et semblent ne se nourir que de l'humidité répandue dans l'air : tant la vé-
gétation est puissante sur cette terre
vierge encore, et sous un Ciel où se
trouvent réunis dans toute leur force,
les deux agens qui lui donnent le plus
d'activité, la chaleur et l'eau. Des val-
lées resserrées séparent de tous côtés ces
hautes montagnes, circulent autour et
pénètrent très-avant dans les terres.
Toutes par leurs différentes cultures,
leur fertilité extrême égayent la scène
qu'animent encore les maisons blan-

ches des pêcheurs qui habitent à l'entrée ; car la présence de l'homme vivifie tout et sans elle la campagne la la plus riante n'est qu'un beau désert (1).

Je ne m'attendais pas, mon ami, aux émotions que m'ont fait éprouver ces aspects si grands, si étranges pour l'œil d'un Européen. Je ne croyais mon âme susceptible que d'un seul sentiment celui de la tristesse et du regret ; mais je me suis senti entraîné hors de moi-même par une admiration forcée et par un étonnement dont je n'ai pu me défendre. Si les hommes étaient ici en proportion avec les choses, ils seraient trop au-dessus des peuples du vieux continent.

---

(1) Les principaux traits de ce tableau sont pris d'un voyage anglais très-nouveau et très-peu répandu.

L'histoire et les récits des voyageurs nous apprennent malheureusement le contraire et l'Amérique méridionale n'offre d'une extrémité à l'autre , que la corruption parmi les gens civilisés et la barbarie la plus atroce parmi les sauvages. Au reste , on a peut-être exagéré la peinture qu'on a faite des uns et des autres et c'est ce que je suis curieux de vérifier par moi-même. Je veux au moins tirer parti de mon malheur et rapporter dans ma patrie , s'il m'est donné de la revoir jamais, des idées justes sur une foule d'objets dont, en Portugal, on nous fait des récits si différens. Je pénétrerai dans l'intérieur de ce pays et j'espère que mon titre d'exilé ne sera pas un obstacle à ce projet ; car il ne me fixe pas dans une partie du Brésil , plutôt que dans une autre. Ma famille d'ailleurs est connue du Vice-roi , que je dois voir demain et j'ai ici de nombreuses recommandations. Quant à l'argent ; mon père m'a autorisé à tirer sur lui , autant que je voudrais , parce qu'il sait que je n'en abuserai pas : je dois pour cela m'adresser à une des maisons de commerce les plus considérables de cette ville.

LETTRE XXXIII.

Rio-Janeiro, ce 4 janvier 1757.

Depuis six mois j'habite Saint-Sebastien et plus j'y reste, plus je sens s'accroître l'invincible dégoût que m'inspire cette ville, un ennui involontaire, une inquiétude vague me suivent en tous lieux. Je n'ai pas encore trouvé un ami parmi les habitans ; leurs avances me choquent, leurs plaisirs me fatiguent. J'y reçois des politesses sans fin ; je fais mon possible pour y répondre. Vains efforts ! mon humeur et ma maussaderie perçent, j'en suis sûr, malgré moi, et je m'en aperçois, parce que je commence à être moins recherché. Je ne suis plus d'ailleurs pour eux un objet nouveau qui pique leur curiosité. Les femmes me signalent entre elles comme un être bizarre et sauvage. Lorsque le soir je passe sous leurs balcons, les fleurs ne tombent plus sur moi comme dans les premiers temps de de mon séjour ici ; plus d'agaceries, plus de messages secrets : je les ai si mal accueillis ! les esclaves noirs coiffés de madras rouges, les jeunes nègres au collier d'argent n'assiégent plus ma porte : elle leur est fermée et ils ne viennent plus y présenter les billets ambrés et musqués de leurs jolies maitresses. Le plaisir et la fortune sont les deux uniques divinités qu'on adore ici. On leur sacrifie tout, repos, décence probité. La curiosité m'a d'abord entraîné sur les pas de ces syrènes Brésiliennes. C'était s'exposer au danger, diras-tu : oui, sans doute, mais je le bravais et j'étais si glacé près de ces beautés rembrunies, qu'elles ont conçu de moi la plus mauvaise opinion. Elles me croyent aussi froid que je le paraîs :

elles ne savent pas quel foyer est là ,
au dedans de moi , quel feu secret consume mon sein et quel est le digne
objet qui l'allume. Et quand elles le
connaîtraient , quand je leur peindrais
tout ce que je sens , tout ce que j'é-
prouve , elle ne m'entendraient pas.
tout ici est matérialiste en amour et si
Vénus est honorée , c'est la Vénus de
Lampsaque et non la Vénus céleste. La
force des sensations éteint jusqu'à
l'ombre du sentiment ; on n'est pas susceptible de cette délicatesse qui épure
qui annoblit , qui modifie les unes à
l'aide de l'autre. Aussi , loin de porter
aux grandes choses, de donner du ressort à l'âme, l'amour en ces lieux n'en-
gendre que des crimes , le libertinage
effronté, la vengeance, l'assassinat. J'ai
pensé moi-même en être la victime :
une jeune femme furieuse de ses vaines
tentatives , pour m'attirer dans ses
filets avait aposté deux de ses nègres

pour m'ôter la vie. J'en ai été averti, à temps et j'ai su me garantir de leurs coups. Ces deux misérables ont été expier dans les mines leurs coupables intentions. Je n'ai dû ce résultat qu'à la protection particulière que m'accorde le Vice-roi ; car le plus souvent l'impunité accompagne de pareils forfaits.

Les peuples du Nord traitent sévèrement nos mœurs de Lisbonne. Eh bien ! mon cher don Joan , nous sommes des Spartiates en comparaison des Brésiliens de ce canton. J'ai peu de mérite à résister aux femmes de ce pays ; elles n'ont pas même le genre de séduction de dona Maria. Quant à Louisa, je n'ai rien vu jusqu'ici qui pût lui être comparé , rien qui puisse porter la plus légère atteinte à son empire sur tout mon être. Oui , tu es et seras toujours pour moi la première de ton sexe. De l'aurore au couchant , du nord au midi, sous quelque climat ; chez quelque nation que m'entraîne la destinée, tu seras la vie de ma vie, l'âme de toutes mes émotions, le vœu, l'unique vœu de mon cœur, le but de toutes mes actions. Envain la persécution s'attache à mes pas ; envain, pour m'arracher à toi, on m'exile sous un autre hémisphère, la persécution et l'exil me ratachent à toi. *Mourir ou te revoir*, mourir ou confondre mon existence avec la tienne.

Mais j'aperçois qu'au lieu de te faire l'histoire de ce que je vois, je te fais celle de ce que je sens. Je craindrais de fatiguer ton amitié, si je ne savais que l'amitié est infatigable en ce genre et que, pleine d'indulgence, elle me pardonne de ne sortir qu'avec peine du cercle où l'amour me rappelle sans cesse.

LETTRE XXXIV.

Vallée de Tizouca, ce 28 février 1757.

J'ai quitté Saint-Sébastien de Rio-Janeiro, mon cher don Joan, et je serais heureux dans ma situation actuelle, si l'on pouvait l'être loin de sa patrie, de sa famille et de l'objet qu'on aime. Le hasard m'a fait faire connaissance avec un propriétaire de cette vallée qui, voyant combien le séjour de Saint Sébastien me déplaisait et même nuisait à ma santé, m'a offert un asile chez lui. Il a une fort belle maison à la ville qu'il n'habite que dans la saison des pluies, ou lorsque ses affaires l'y appellent. Il passe le reste de l'année sur une fort belle plantation qu'il possède ici. Mon nouvel ami est un vieillard qui n'a guères moins de soixante dix ans, quoiqu'il ne soit nullement

courbé par les années et qu'il paraisse
exempt d'infirmités. Sa taille est
élevée, sa figure noble. Il a les cheveux
et les sourcils du plus beau blanc et une
cicatrice sur le front annonce qu'autre-
fois il suivait la carrière des armes. Il
est né français, mais un séjour de
quarante ans dans ce pays doit l'avoir
naturalisé Brésilien. Au reste il a toute
l'amabilité de ceux de sa nation qui
ont passé la première jeunesse. Sa conversation est instructive, comme celle
d'un homme qui a beaucoup vu et qui
par conséquent a de nombreux souvenirs. Il a le ton si vanté des Français
du siècle de Louis XIV et s'il a quelques-uns des défauts attachés à son
âge, il faut qu'il mette beaucoup d'a-
dresse à les cacher ; car je ne les ai pas
aperçus. Sa femme, née au Brésil,
n'est pas jeune non plus, comme tu
l'imagines bien ; cependant elle est intéressante sous tous les rapports qui

II.   4

peuvent s'accorder avec son âge. Ils ont un fils déjà veuf, mais père de deux enfans charmans; une jeune personne de quinze ans et un fils qui en a dix-sept. En voyant l'ordre, les manières et l'esprit qui règne dans cette maison, je me crois transporté à deux mille lieues de Rio-Janeiro et je rends grâce au Ciel de m'avoir donné de pareils amis. Peut-être seras tu bien aise de savoir le détail de ma liaison avec M. de Valville, le chef de cette respectable famille.

Je songeais aux moyens de quitter Rio-Janeiro, lorsque le Vice-roi, qui a toujours eu beaucoup de bontés pour moi et qui même m'a donné un appartement dans son palais, les premiers jours de mon arrivée, me fit mander un matin de me rendre chez lui. En entrant dans son cabinet, je le vis s'avancer vers moi et me présenter d'un air riant un paquet assez volumineux,

« Vous êtes ici , me dit-il ; sur un pied
qui m'eût donné le droit d'inspecter
le contenu de tout ceci ; mais j'aurais
cru , mon cher don Carlos , manquer
aux égards que je dois à votre père et à
ce que vous méritez vous-même. Je
suis bien sûr que le gouvernement n'est
nullement intéressé dans ce que con-
tiennent ces lettres. Au reste satisfaites
votre empressement et lisez-les , pendant que je vais m'entrenir avec M. de
Valville. » Je levais les yeux et j'a-
perçus en effet ce respectable vieillard
que , dans ma préoccupation , je n'a-
vais pas remarqué d'abord. Je le saluai
et je remerciai le Vice-roi de la délicatesse de son procédé , puis me retirant
dans l'embrasure d'une fenêtre , je
m'empressai de rompre le cachet. La
première souscription que je reconnus
me fit rougir malgré moi et me détour-
nant je cachai cette lettre dans mon
sein , le plus près de mon cœur qu'il

me fut possible : comme il battait en ce moment , je parcourus avec trouble et distraction ce que m'écrivaient mon père et toutes les personnes qui me sont chères à Lisbonne. Je fus charmé d'y trouver quelques lignes de toi qui m'apprenaient que tu avais reçu ma première lettre datée de Rio-Janeiro et que tu te préparais à faire un voyage dans notre capitale : que tu es heureux de pouvoir aller respirer l'air de notre bonne ville !

Je me rapprochai bientôt du Vice-roi et de M. de Valville et toujours rempli de mon projet de quitter St-Sébastien, j'en demandai la permission , en allégant ma mauvaise santé. Le Vice-roi me répondit que si je lui donnais ma parole d'honneur de ne point quitter le Brésil sans ordre supérieur il me ferait expédier un passe-port général pour toutes les capitaineries de ce vaste pays : je m'empressai de la lui donner franchement ; M. de Valville auquel il venait de me faire connaître, m'offrit de venir essayer sur son habitation si je pourrais rétablir ma santé. Le vice-roi appuya son offre et me décida à l'accepter. Une des raisons déterminantes pour moi fut qu'étant français, M. de Valville me fournirait peut-être des occasions de correspondre avec toi par une voie directe. Il fut convenu que nous dinerions ensemble chez le Vice-roi, que le lendemain mon nouvel hôte m'emmenerait dans sa voiture et que je m'établirais dans la vallée de Tijouca.

Au-delà de la grande forêt dont le sombre rideau se développe sur les montagnes derrière Saint-Sébastien, est située cette vallée délicieuse. Représente-toi une vaste corbeille formée par des hauteurs très-élevées couronnée de bois aussi vieux que le temps et au fond de laquelle pénètrent par un étroit passage les eaux de la mer qui forment là une des extrémités de la rade. Un ruisseau se précipitant de rochers en rochers embellit encore ce vallon du coup-d'œil imposant de sa magnifique cascade, puis vient fertiliser toutes les plantations et vivifier cette espèce de solitude que l'homme semble avoir dérobée au désert.

L'habitation de M. de Valville annonce l'opulence: il en possède plusieurs autres; car il a épousé l'une des plus riches héritières de ce pays. Cependant, ce fut l'amour seul qui forma cette union long-tems contrariée par l'honneur et qui fixa sur ce continent un habitant de la belle Normandie. Je ne sais pas encore les détails de leurs amours : M. de Valville sourit lorsqu'on en parle; son épouse lui présente alors une main amicale et semble rajeunir à l'idée de ces temps éloignés. Le seigneur don Joseph, leur fils, quoique arrivé à l'âge où la dépendance paraît quelquefois pénible, est un modèle de respect et de soins pour ses vieux parens. Il est vrai qu'ils le laissent parfaitement maître d'ordonner sur leurs possessions et qu'ils ne lui demandent pas même de comptes. M. de Valville se mêle encore cependant des détails de cette habitation-ci qu'il a créée et qui est son lieu de prédilection; mais c'est plutôt un but d'exercice et d'occupation qu'un motif d'intérêt. Accoutumé à une grande activité dans sa jeunesse, il n'en a pas perdu l'habitude par le poids des ans et il n'a rien de la paresse et de la nonchalance des créoles Brésiliens.

Un spectacle vraiment touchant est celui des attentions, des caresses dont les deux aimables jeunes gens accablent leurs bons vieux parens. Henri est déjà un jeune homme, il a reçu

une excellente éducation et il joint à
un bon cœur de l'esprit et de l'énergie
de caractère. La vénération qu'il a
pour son ayeul est une espèce de culte,
il m'entretient sans cesse de ses vertus patriarchales et j'écoute ses récits
avec plaisir. Il m'a promis aussi de me
raconter en détail et avec suite l'histoire des amours de ce couple heureux. Où je me trompe, ou elle doit
être intéressante, et dans ce cas je ne
manquerai pas de t'en faire part.

Quant à la jeune Henriette, à une
vivacité charmante elle joint une sensibilité bien rare dans ces climats : elle
est toute tendresse et tout sentiment,
c'est l'enfant chéri de toute la maison.
Son père l'aime à l'adoration ; M. de
Valville et sa femme en ont fait leur
idole, et son frère, loin d'en être jaloux, trouve qu'on ne l'aime pas encore assez. Dans deux occasions il a
exposé sa vie pour elle avec un dévou-

ment sans bornes. L'aimable Henriette sent tout son bonheur et son âme expansive le répand en expressions plus touchantes les unes que les autres. Il faut la voir au milieu des nombreux esclaves de la maison ; comme elle les encourage dans leurs travaux, les console dans leurs malheurs, les soigne dans leurs maux ! elle leur fait aimer leur servivitude, et les farouches Africains qui chaque année arrivent ici du *Val-Longo* (1) sont tous étonnés de se trouver heureux ; ils ne regrettent plus leurs rives sablonneuses et l'atroce domination de leurs barbares souverains.

____

(1) Lieu de dépôt des nègres venant d'Afrïque, il est près de la ville.

LETTRE XXXV.

Vallée de Tijouca, ce 7 mars 1757.

MA lettre n'est point partie faute d'occasions, et j'en commence une autre; car je ne t'ai point parlé du contenu des lettres que j'ai reçues d'Europe. C'était cependant, sans nulle comparaison, le premier intérêt de mon cœur. La reconnaissance pour la respectable famille au milieu de laquelle je suis, l'espèce d'enthousiasme que m'ont inspiré ses vertus et toute sa manière d'être si différente de celle des autres habitans de ce pays, avaient captivé mon imagination et m'avaient entraîné; mais, semblable à ces fleuves qui s'engloutissent et vont errer dans des canaux souterrains, puis, reparaissant et reprenant bientôt leur cours, celui de mes idées revient bien-

tôt à ma patrie, à ma famille, à Louisa, à cette seconde âme de ma vie qui
se confond si bien avec la mienne
qu'elles ne font qu'un seul tout d'a-
mour et de sentimens.

Tu dois imaginer mon empressement, lorsque, revenu de chez le Vice-roi, enfermé dans ma chambre
pour n'être point troublé, je tirai de
mon sein cette lettre précieuse et me
hâtai d'en rompre le cachet. Une pal-
pitation subite et les larmes qui vinrent former un nuage dans mes yeux
s'opposèrent quelque temps à ce que
je pusse satisfaire ma curiosité. Enfin
je parvins à me calmer, j'essuyai les
pleurs, je baisai les caractères chéris
et je lus ce qui suit.

25 décembre 1756.

« La persécution fit les martyrs de
la religion : eh bien ! mon ami, soyons
les martyrs de l'amour et prouvons

que rien ne peut vaincre un sentiment
mutuel et profond. On peut nous
rendre malheureux, mais jamais in-
constants ; non jamais ! Je n'ai pas besoin d'en faire encore le serment. Lorsque dans l'église de tous les Saints , je
plaçai ma main sur mon cœur et puis
l'étendis vers l'autel sacré du Dieu qui
connaît nos plus secrettes pensées, je
lui fis le vœu de n'aimer que toi , de
n'être jamais qu'a toi sur la terre , et ce
vœu je le tiendrai jusqu'à mon dernier
soupir. Parens , ministres , rois , vous
tenteriez envain de me le faire rompre.
Dieu me pardonnera d'avoir cherché
un asile sous le voile de celles qui
veulent se consacrer à lui , puisque
c'était le seul refuge où je pusse
échapper à d'incalculables malheurs.
Je bénis chaque jour ma captivité vo-
lontaire et je ne regrette point d'avoir
sacrifié les vains plaisirs du monde ,
pour l'être en faveur duquel je sacri-

fierais volontiers mon existence. Mais que parlé-je de sacrifices, après ceux que tu fais pour moi? Combien ils sont sublimes en comparaison des miens! je respire mon air natal; je ne suis qu'à une faible distance de ceux qui s'intéressent à moi, j'ai dans ta parente une bonne et tendre amie qui me soutient, m'encourage et me console, et reçoit dans son sein le dépôt de mes peines. Et toi, banni sur une terre étrangère, exposé à mille dangers, n'ayant nul confident de tes intimes pensées, tu parcours seul le triste désert de la vie. Que ne suis-je là, pour essuyer la sueur de ton front, prévoir tes besoins, soulager tes maux ou les partager! que dis-je? Ne sais-je donc pas que si j'étais près de toi, plus de désert, plus d'exil alors? Le monde serait riant et peuplé, fussions-nous dans les solitudes sauvages des Andes, au milieu des impénétrables forêts du pays des Amazones. Hélas ! je suis dans le port , tandis que tu es battu par la tempête ; et cette affreuse destinée , c'est pour moi que tu t'y es livré. Pour moi , tu l'as préférée à l'hymen d'une belle et noble héritière , à la carrière brillante des honneurs et de la fortune. Oui , tu es le héros de la constance et du sentiment ! et voilà celui auquel on voudrait me faire renoncer , celui pour lequel on a voulu me piquer d'une fausse générosité , en me mettant à même de terminer son exil ! Oui mon ami , on a voulu me persuader que j'étais obligée de donner ma main à une autre pour obtenir ton rappel qui , sans cela n'aurait jamais lieu. — Que vous le connaissez mal ! leur ai - je répondu ; pouvez-vous douter que son sort , quelque pénible qu'il soit en effet , n'ait pour lui mille fois plus de douceur que tous les biens du monde avec mon infidélité ? Je l'estime trop pour supposer qu'il pense autrement et je le juge d'après moi-même, ou plutôt d'après ses vertus et sa tendresse. Je préférerais une coupe empoisonnée à ce cruel abandon ; car j'emporterais au tombeau son estime, son amour et de douces pensées se mêleraient au moins à ses regrets.—Adieu cher Charlos, adieu, que l'image de ton amie t'accompagne toujours dans ces contrées lointaines. L'airain m'appelle au pied des autels; j'y vais prier le Dieu de bonté, le Dieu qui soutient l'homme vertueux, même lorsqu'il l'afflige ; je vais le prier de veiller sur tes jours et de faire planer au tour de toi son ange consolateur. »

J'avais mouillé de mes larmes le papier que je venais de lire avec avidité et je le baisai avec transport. Je le relus encore et le plaçai enfin avec les autres lettres de ma chère Louisa, dans un porte-feuille que je porte toujours sur

mon cœur. J'adressai mille remerci-
mens à l'aimable enthousiaste qui me
jugeait avec tant de partialité, en mettant à si haut prix une conduite toute
simple et que le seul honneur m'aurait
dictée, quand même je n'aurais pas
suivi mon propre penchant. Je lui
savais gré aussi d'avoir assez bien pensé
de moi pour n'avoir pas acheté mon
rappel au dépens de sa fidélité. L'exil
qui laisse, quoique dans le lointain,
la perspective de posséder ce qu'on
aime ne vaut-il pas mieux qu'une vie
sans espérance ? Un tel sort eût été
pour moi une mort anticipée : la perte
de Louisa eût décoloré mon existence,
brisé le ressort qui m'anime et s'il
m'eût été possible d'y survivre, je serais tombé dans un engourdissement,
dans une apathie cent fois pire que le
tombeau.

Je fus long-temps occupé de cet
inépuisable sujet et le résultat fut, ce

qu'il est toujours, une ferme résolution d'aimer Louisa plus que jamais. Je me rappelai enfin que je n'avais parcouru que bien rapidement ta lettre et celles de ma famille. Je les relus avec attention, avec délices et je vis qu'en dépit du malheur, il me reste toujours un tendre ami et de bons parens. Tu veux, dis-tu, parler au ministre en ma faveur : je te remercie de ton zèle ; je craindrais qu'il ne te fût préjudiciable, sans m'être d'aucune utilité. Le fier ministre n'aime pas les avis et quand les têtes les plus respectables plient sous le joug, quand la famille royale et presque tous les Fidalgues cèdent à son autorité, il serait au moins étonné d'entendre des représentations sortir de la bouche d'un jeune homme. Je redouterais qu'une pareille démarche ne nuisît à ta fortune et à à l'avancement qui t'est justement promis.

II 4*

Mon père et mon frère ne voyent pas le comte d'OEyras ; cependant ils ont cru , avant et depuis mon départ, devoir lui faire des avances pour en obtenir la révocation de mon exil. Ils en ont été mieux reçus qu'ils n'y comptaient: sans doute il jouissait intérieurement de les voir réduits à le solliciter Il s'est confondu en politesses à leur égard ; il les a reconduits jusqu'à la porte de la dernière antichambre ; mais il s'est borné à les assurer qu'il serait toujours prêt à tenir les promesses qu'il m'a faites au nom du roi , lorsque je serais disposé à me soumettre aux conditions qui sont attachées à leur exécution. Mon père est loin de m'engager à une pareille condescendance , il m'exprime seulement le vœu que la chose soit possible. Ah ! jamais, jamais, mon père ! Si ce n'est qu'à ce prix que je puis être encore serré dans vos bras paternels, il m'y faut renoncer pour toujours.

Ma bonne sœur m'écrit aussi. Comme sa lettre est tendre, comme sa lettre sympathise avec mes peines! Il semble qu'à ma place elle eût fait comme moi, et rien ne lui paraît extraordinaire dans ma conduite; mais elle s'inquiète de mon sort et son amitié me voit entouré de dangers et de privations imaginaires. Des privations! il n'en est de réelles pour moi que celles de mon cœur. Grâce à la générosité de mon père, grâces aux bontés du Vice-roi et aux soins des amis qui m'ont donné un asile, je ne manque de rien. J'ai des esclaves pour me servir, des chevaux pour me porter; car les chemins ne permettent pas de se faire conduire en voiture. Je fais de fréquentes excursions soit avec don Joseph, soit avec son fils Nous visitons les habitations des environs et nous y sommes parfaitement accueillis. Cependant j'avoue que j'aime mieux m'égarer dans les lieux inhabités, étudier cette nature sauvage si nouvelle pour moi, et la voir livrée à elle-même, à ses variétés infinies. Il est une foule de plantes, d'arbres, ornémens des forêts et des campagnes dont je n'entreprendrai pas de te parler : j'en laisse le soin aux naturalistes. Pour moi, je sais mieux admirer la nature que la décrire et la peindre en savant. Souvent je m'arrête en extase devant une de ces superbes productions d'un sol si riche et fécond en merveilles. Je contemple, par exemple, cet arbre immense que le créateur universel semble avoir placé dans les lieux secs comme un témoin de sa providence. « Ses branches sont naturellement percées de trous profonds où

toute l'année se rassemble une humeur
aqueuse qui ne déborde jamais, et,
ce qui est beaucoup plus surprenant,
qui ne diminue pas non plus, quelque quantité qu'on en puisse tirer (1).
Je pense combien il serait doux de
respirer à l'abri des ardeurs du climat
avec celle que ma pensée appelle sans
cesse auprès de moi ; et ne pouvant
l'y posséder, j'y grave son nom chéri
que je voue aux siècles à venir. Je
place à côté le nom du malheureux
Carlos ; un nœud d'amour les unit et
les embrasse. J'associe ainsi, pour du-
rer autant que ces grands végétaux,
l'idée de deux êtres que le ciel semble avoir unis d'âme et de cœur pour
l'éternité. Si quelque étranger conduit
par le hasard, vient porter ses regards

----

(1) La Harpe, Hist. Gén. des voyages; Hist.
nat. du Brésil.

sur ces deux noms, sa bouche les pro-
noncera avec étonnement, et l'écho
du désert les redira de montagne en
montagne. Où seront alors celui qui les
a tracés et celle que son tendre souvenir appelle sous ces ombrages so-
lennels ? Peut-être depuis long-temps
leurs cœurs né battront plus l'un pour
l'autre, car l'existence de l'homme est
si courte, surtout pour celui en qui
l'infortune ou la sensibilité consume
rapidement l'aliment de la vie ! Le
froid végétal subsiste des siècles et vit
quelquefois vingt âges d'homme ; mais
toujours au même lieu, toujours sous
le même ciel, il éprouve sans cesse les
monotones changemens de chaque année. L'homme se meut et pense ; il étend
sa vie par l'imagination dans l'immen-
sité des temps et de l'espace ; il s'élève
jusqu'au premier des êtres, et, s'il ne
le conçoit pas, au moins il le sent, il

le voit dans toute la nature ;, enfin,
l'homme sait aimer, une heure d'a-
mour vaut mille ans d'existence!

———

LETTRE XXXVI.

Vallée de Tijouca, ce 27 décembre 1757.

L'ARRIVÉE du convoi de Lisbonne m'a apporté une lettre de toi et des nouvelles de ma famille, mais rien de Louisa; on semble même affecter de ne point m'en parler. Ma chère Joséphina seule me dit que la rose des *Olivaes* est toujours fraîche et vermeille quoique au milieu des soucis. Elle paraît encore craindre d'en avoir trop dit. Il est évident qu'on veut nous fatiguer et nous amener à l'oubli l'un de l'autre, non seulement par l'absence ; mais en rompant toute espèce de communication entre nous. Ils ne savent donc pas que la contrariété et la persécution sont de nouveaux alimens pour l'amour et finissent par

le rendre indestructible. Quoiqu'on
fasse, j'aimerai toujours Louisa et je
n'aimerai qu'elle. Je dis plus ; je suis
aussi sûr de sa constance que de la
mienne. Cependant si leur intention
est de nous rendre infortunés, ils peuvent goûter la cruelle satisfaction d'y
avoir réussi. Je cherche en vain des
soulagemens, des distractions : l'idée
de cette pénible séparation est toujours
là, pour jeter son triste voile sur mes
plus doux plaisirs. Pourquoi faut-il
que mon cœur, sans cesse prêt à s'ouvrir aux pures jouissances de la nature,
soit continuellement resserré par la
présence de l'aiguillon qui le rappelle
à la douleur et le remplit d'amertume ?
Cette cruelle absence, mon ami, je la
supporte maintenant avec désespoir, et
sans l'idée que j'ai engagé mon honneur, je chercherais à fuir cette terre
d'exil, à revoir le Portugal et Louisa,

au risque de tout ce qui pourrait m'en arriver.

Malgré mes peines, j'ai pourtant pris une part bien sincère à ton avancement dans la carrière diplomatique et au titre plus respectable avec lequel tu es maintenant à Paris. Est-ce aussi pour me flatter que tu me mandes que ma bonne Joséphina a fait sur toi une impression qui, dans ton cœur, fait tort aux françaises. Je saurais gré à ma sœur de t'avoir rendu sage et d'avoir fait uue pareille conversion : tu serais une preuve de plus que l'amour véritable guérit de la galanterie qui ne couvient qu'aux âmes froides ou légères. Si tu es réellement corrigé de ce défaut, si tu plais à ma sœur, je te connais assez pour être sûr que tu feras son bonheur et je verrai le second de mes vœux rempli, en donnant à mon ami le nom de frère, Sois plus

heureux que moi , mon cher don Joan ,
et plains ton ami , déjà si à plaindre
par la réalité , de l'être encore davantage peut-être par les sombres images
que lui peint son imagination.

Ce 16 janvier 1658.

Mon ami , je suis le plus malheureux
des hommes et chaque jour semble
accroître la somme de mes infortunes.
Une famille vertueuse m'avait accueilli
dans son sein ; j'étais regardé dans la
maison Valville comme en faisant
partie ; Henri voyait en moi un frère ,
je m'accoutumais à considérer Henriette comme une sœur et leurs parens
comme les miens. Tous semblaient se
réunir pour adoucir mon exil et le
rendre le moins insupportable possible. Amitié , respect , reconnaissance , tout m'attachait à eux par les
nœuds les plus chers. Eh bien ! je me
vois réduit à les quitter , à fuir cette

maison hospitalière où peut-être je laisse la désolation et le deuil. Puissent-ils au moins ne pas me haïr, moi, l'innocente cause de leurs chagrins, moi, dont la fatale influence a porté le désespoir dans l'âme pure et trop sensible de leur chère Henriette.

Par discrétion et non par indifférence, M. de Valville et les siens, n'avaient pas cru devoir me demander la cause de mon exil. Leur délicatesse faisait qu'ils respectaient mon infortune et ne cherchaient point à en savoir plus que je ne voulais en faire connaître. Je m'étais imposé la loi, en quittant le Tage, de garder pour moi seul le secret de mon amour : je croyais devoir le cacher, non seulement pour ne point l'exposer au persiflage des indifférens, mais encore pour ne pas compromettre le nom de Louisa. Il me semblait enfin que ce secret n'étant pas à moi seul, je n'avais pas le droit de le divulguer sans nécessité, sous un hémisphère où il n'était pas connu. Il paraît que le Vice-roi lui-même n'était pas instruit du motif qui avait engagé le ministre à me réléguer en Amérique : du moins il ne m'a jamais rien dit qui pût me faire penser le contraire. Que n'ai-je été moins fidèle à ma résolution ! en déposant mes peines dans le sein de l'amitié, j'aurais évité de de faire, sans le vouloir, le malheur de Henriette. Simple et carressante, elle était avec moi comme avec son frère, d'une familiarité d'enfant. Souvent elle se jetait dans mes bras et se permettait mille jeux que son innocence autorisait et qui même faisaient sourire madame de Valville. Je m'apperçus bientôt que Henriette devenait insensiblement plus réservée dans ses manières, sans cependant être sur un ton moins amical avec moi. Son frère lui dit un jour, en riant, qu'elle était plus raisonnable et qu'on voyait bien qu'elle voulait se marier : Henriette jeta sur moi un regard furtif, rougit beaucoup et ne répondit rien. Henri, poursuivant la plaisanterie, nomma plusieurs jeunes gens qui pouvaient prétendre à sa main. Enfin Henriette, dans un mouvement de vivacité, répondit avec une sorte d'impatience : « non, non, je n'en veux aucun, à moins qu'il ne ressemble à .... » Elle n'acheva pas, mais son regard, mais son geste m'avaient désigné et je ne pus m'y méprendre. Elle sortit aussitôt et depuis elle eut avec moi un air timide, et embarrassé qui ne m'éclaira que trop sur le sentiment que je lui avais inspiré. Désespéré, je crus qu'il était temps encore d'arrêter le progrès du mal et je pensai que le meilleur moyen était de saisir une occasion de lui révéler l'état de mon cœur. En conséquence, je choisis un soir où toute la famille respirait le frais sur une fort belle terrasse en avant de la maison et qui domine presque toute la vallée. La lune éclairait le paysage et frappait sur la cascade qu'on entendait à quelque distance. Le chant des nègres était répété par les échos des montagnes : un d'eux nouvellement arrivé d'Angola, chantait dans son langage, une espèce de complainte qu'on me dit exprimer ses regrets d'être loin de celle qu'il aimait, loin des rivages du Zaïre.

Oh bien ! dis-je à M. de Valville qui me donnait cette explication ; ce qu'il chante est mon histoire et je dois enfin vous en révéler le mystère. Au reste, ce n'est qu'à vous seuls et pour vous seuls que je veux en faire le récit. Il n'y a que vous, mes amis, qui soyez dignes d'apprécier mes peines, mes sentimens et j'espère qu'ils ne me feront rien perdre de votre estime et dé l'intérêt que vous me portez. Alors j'entrai dans tous les détails que tu connais et je captivai tellement leur attention qu'une partie de la nuit se passa à m'écouter. Lorsque j'eus fini, M. de Valville me serrant la main avec affection, m'assura qu'il se félicitait plus que jamais de m'avoir donné asile, quoique ma confidence dérangeât les plans qu'il s'était faits à mon égard. Don Joseph me témoigna toute la part qu'il prenait à ma situation ; madame de Valville me dit que je lui rappelais le temps de sa jeunesse et qu'elle espérait qu'un jour je serais aussi heureux qu'elle. L'aimable Henri, m'embrassant avec feu, s'anima, en vrai jeune homme, contre le marquis et contre ce qu'il appelait un abus d'autorité de la part du ministre. Je cherchais des yeux Henriette et je désirais ardemment savoir quelle impression mon récit avait fait sur elle ; mais elle

était déjà retirée dans son appartement.

Le lendemain elle me parut extrê-
mement changée, son père lui trouva
même un peu de fièvre et l'on attribua
cette incommodité à la fraîcheur et à
l'humidité de la nuit précédente : il
n'y eût que son frère qui eut l'air de
soupçonner une autre cause. Quelques
jours après, trop éclairée sur la nature
de son mal, elle lui ouvrit entièrement
son cœur. « Ah! lui dit elle, que ne
l'ai-je connu avant son heureuse Louisa!
il m'aurait peut-être aimée comme il
l'aime ». Le pauvre Henri, désolé de
voir la langueur de sa sœur s'augmenter chaque jour, a cru pouvoir s'en
fier à mon honneur et me demander un
remède au mal dont j'étais cause. —
Je n'en connais qu'un seul, lui ais-je
répondu, c'est l'absence et je suis décidé à m'y condamner moi-même.

Vos parens savent que je veux aller dans les gouvernemens de l'intériéur, ainsi je ne les étonnerai point en lenr annonçant mon prochain départ pour *Villa-Bella de Matto-Grosso* — Cette pauvre Henriette! s'écria-t-il, combien je crains qu'avec un cœur comme celui de notre ayeule, elle n'ait pas un sort aussi heureux! Je saisis cette occasion pour lui rappeler la promesse qu'il m'avait faite de me raconter les amours de M. et madame de Valville, et hier il me tint parole. Tu la sauras cette histoire touchante, mon cher don Joan, et je suis sûr que tu en aimeras davantage ce couple si intéressant.

Pour moi, je les quitte demain, le désespoir dans le cœur, je les quitte dans l'intention de ne plus les revoir, et je les laisse persuadés que je ne me sépare d'eux que pour quelques mois.

Je cache mon projet à Henri, du moins pour le moment ; car il ne manquerait pas de raisons pour s'y opposer. Je presse d'autant plus mon départ que Henriette change tous les jours à vue d'œil. Ah ! si je n'avais que mon propre bonheur à sacrifier, je sens que je ferais tout ce qui dépendrait de moi pour guérir les plaies de son cœur ; mais je ne m'appartiens plus. Ma main, ainsi que mon être, est la propriété de Louisa et ne peut devenir celle d'une autre. Henri lui-même est assez juste pour avouer cette vérité pour me pardonner son malheur et celui de son Henriette chérie.

J'ai cru devoir prévenir le vice-roi de mon départ de son gouvernement particulier. Je me rappelle avec regret la parole d'honneur que je lui ai donnée. Ah ! si quelque puissance pouvait m'arracher de force à cet odieux continent et me reporter en Europe, combien je la bénirais, quels que fussent les maux que j'eusse à souffrir.

<hr>

LETTRE XXXVII.

Villa-Bella de Matto-Grosso, ce 16 octobre 1758.

IL semble, mon cher don Joan, que je me sois soumis à un second exil en m'éloignant de la famille de Valville et des bords de l'océan Atlantique, pour venir jusque dans la capitainerie de Matto-Grosso, au pied des Andes occidentales. Ici l'or est tout ; c'est la première divinité des habitans de ces contrées, quoiqu'ils se prétendent aussi bons catholiques qu'aucun des *vieux chrétiens* d'Europe. Ils ne feraient pas cependant pour Dieu la moitié de ce qu'ils font pour recueillir ces métaux dont les hommes ont fait l'âme de l'ordre social et même le type d'appréciation des individus. Au reste, ce qui peut consoler les pauvres, c'est que les riches au milieu de leur luxe et de leurs trésors, voyent également le malheur planer sur leurs têtes et qu'en multipliant leurs jouissances, ils multiplient aussi les points par lesquels il peut les atteindre. D'ailleurs que peut l'or contre les peines du cœur; je donnerais tout celui dont je suis maître de disposer pour une lettre de Louisa, pour savoir Henriette guérie du mal qui la consume et heureuse, ainsi que toute sa respectable famille ; mais son frère me mande qu'elle est tombée dans une espèce de langueur plus inquiétante qu'une maladie aiguë. Indifférente à tous les plaisirs de la ville, les occupations de la campagne ne la sortent point de cette affligeante apathie. Toujours douce et bonne, elle pleure, quand elle voit ses parens s'attrister de son état. Elle les embrasse, leur dit qu'elle ne les aime pas moins, et qu'elle voudrait bien ne pas les rendre malheureux. En particulier, elle dit à son frère qu'à mon retour elle reprendra sa gaîté, car il n'y a que Henri qui sache ma résolution de ne plus revoir la vallée de Tijouca.

A présent je me nourris de sombres réflexions et de tristes présages ; je supporte mon exil plus difficilement que jamais. J'ai pris la vie en haîne et j'ai peine à me défendre du désespoir. Pour distraire mon ennui et par un besoin irréfléchi de mouvement, je fais des courses dans les montagnes. J'ai été visiter les mines près de *Guapore*, dans les monts *Cacas*, non loin de *villa-de-l'Ore*. Ce sont les plus éloignées à l'ouest de toutes celles qu'on trouve dans le Brésil. Je me suis enfoncé dans les profondeurs de ces souterreins avec l'horreur secrette que dût éprouver Orphée en descendant aux enfers ; mais, comme lui je n'allais pas pour y chercher mon Euridice. Je n'y ai vu que des esclaves fournis par l'Afrique pour abréger dans ces lieux obscurs des jours de fatigues et de misère, des blancs à figure hâve que l'avidité, ou l'extrême besoin, entraîne sous ces voûtes sombres. Quelques-uns y viennent cacher leurs crimes d'autres leurs folies. Parmi les premiers j'ai remarqué un Portugais nouvellement arrivé, m'a t'on dit. Son air soucieux, méfiant et inquiet annonce un intérieur troublé par le remords et la crainte. Je me trompe, ou la figure de cet homme ne m'est pas totalement inconnue ! dire ce qu'il est, en quel temps, en quel lieu je l'ai vu ; c'est ce qui me serait impossible ; mais assurément ses traits ne me sont point étrangers. Il a pâli en me voyant, comme s'il me reconnaissait et me redoutait. Depuis j'ai observé qu'il évitait ma rencontre.

28 novembre 1758.

Un horrible attentat s'est donc

commis sur la personne du Roi! Les détails en sont parvenus jusques dans ces lieux reculés : ils y ont excité un cri général d'indignation. Mais la sanglante tragédie qui en a été la suite n'a pas moins révolté contre le ministre. Ici, où l'on parle plus librement qu'à Lisbonne , personne n'a hésité un instant à l'accuser d'avoir profité de l'occasion pour sacrifier ses principaux adversaires, en les réunissant dans cette odieuse conspiration. Les *Aveiro* , les *Tavora* et les jésuites étaient connus pour les ennemis particuliers du comte d'Œyras et non pour ceux du Roi. Au reste , ces assassinats judiciaires vont jeter la terreur dans les esprits. Il sera abhorré et cependant son autorité en acquierra de nouvelles forces , tant que vivra le faible Joseph , sous le nom duquel il règne.

Des ordres sont venus pour faire des recherches sur l'un des condamnés ,

Joseph-Policarpe de Azévédo, beau-frère d'un ancien domestique du duc d'Aveiro et qui a échappé au supplice du feu qui l'attendait. On le soupçonne de s'être réfugié au Brésil ; tout le monde est autorisé à le tuer ; mais on promet deux mille cruzades à celui qui le représenterait vivant et vingt mille, s'il est en pays étranger. J'ai pensé aussitôt que le coupable était le portugais que j'avais remarqué aux mines des bords du Guapore. Sur le champ je m'y suis rendu et, quoique je déteste son crime, tu t'imagines bien que je ne faisais pas ce voyage dans la vile intention de gagner les deux mille cruzades et de jouer le rôle odieux de dénonciateur. Mais coupable ou non, les victimes de cet évènement m'inté-ressaient assez, pour que je cherchasse à me procurer des informations plus détaillées sur toute cette affaire.

Je le trouvai seul dans la montagne et se rendant à la mine. Son air était plus sombre et plus inquiet que jamais. A ma vue, on eût dit que son sang refluait vers son cœur, tant sa pâleur fut extrême. Il promena ses regards de tous côtés et je crois bien que j'aurais eu tout à craindre de lui, si je n'avais été armé et plus maître de son sort qu'il ne l'était du mien. « Azévédo, » lui dis-je, « je vous connais ; mais rassurez-vous, je ne viens point ici pour vous nuire. Si vous êtes coupable, que Dieu vous punisse. Quant à moi, je ne veux qu'entendre de votre bouche un récit exact de cette conspiration. J'espère que vous y mettrez de la sincérité, par reconnaissance au moins de ce que je n'abuse pas de votre position. » Dès l'instant que j'avais prononcé le nom d'Azévédo, il s'était jeté à genoux comme pour demander grâce. Il me remercia de ce qu'il appelait ma générosité et me promit de me dire la vérité toute entière.

« Oui, seigneur don Carlos, oui ; je suis coupable ; je suis un misérable digne de subir le jugement qui me condamne à être brulé vif. C'est moi qui, avec *Manoel-Alvarez Fereira*, mon beau-frère, ai tiré sur la voiture du comte d'Œyras où était le Roi que nous avons blessé grièvement. Cependant mes coups n'étaient pas dirigés contre la personne sacrée de sa majesté, mais contre son odieux ministre.

« Nous ignorions que don Joseph se servit de la chaise du comte pour se rendre incognito, le soir, chez la jeune marquise de Tavora, sa maîtresse, et nous n'étions soudoyés que pour délivrer le Portugal et le Roi lui-même de la tyrannie d'un ministre qui abuse de son ascendant sur son maître pour tout sacrifier à ses caprices et à son avidité. Le cruel sans doute s'applaudit doublement de notre fatale erreur. Non seulement elle lui a sauvé la vie ; mais elle ouvre une vaste carrière à sa vengeance et lui fournit l'occasion qu'il épiait depuis si long-temps. Quant à moi, désespéré de me voir coupable d'un régicide involontaire et prévoyant toutes les suites, dès que j'eus reconnu que c'était le Roi que nous avions blessé, je me rendis à bord d'un vaisseau qui partait dans la nuit même pour le Brésil et avant le point du jour j'étais hors de toute atteinte. Depuis ce temps, j'ai erré dans ces vastes contrées, tantôt sous un nom, tantôt sous un autre, rongé de remords et de terreurs. Enfin je suis venu cacher dans ces montagnes et dans la profondeur de ces mines, une existence plus malheureuse cent fois que je ne puis le dire. Votre première apparition ici m'a fait passer de tristes nuits. Je n'eus pas de peine à reconnaître le seigneur don Carlos, le noble fils d'un des Fidalgues les plus respectés dans Lisbonne et je crus un instant avoir été reconnu de votre seigneurie, en voyant avec quelle attention vous me regardiez. Je me suis pourtant flatté que mon obscurité m'aurait empêché d'être remarqué par vous en Portugal et si j'avais pensé autrement je vous avoue que je ne serais plus ici. »

Je tâchai de tirer d'Azévédo le nom de ceux qui l'avaient mis en œuvre : mes tentatives furent inutiles. Il se borna à déplorer la perte de tant de braves gens, la persécution élevée contre les autres, surtout contre les Jésuites qu'il paraît affectionner particulièrement, la tournure qu'il donne à cette grande affaire n'est pas sans vraisemblance ; cependant l'avenir même ne mettra peut-être pas en mesure d'en avoir des preuves suffisantes. Surement le ministre aura soin d'embrouiller les choses de manière qu'elles ne puissent jamais être éclaircies et qu'on soit dans l'impossibilité de revenir contre le résultat où il les a amenées (1).

---

(1) Tout ce qui précède exige nécessairement une note un peu détaillée sur la conspiration contre le roi don Joseph.

Le 12 septembre 1758 une dépêche de M. d'Acunha, ministre de la guerre et des affaires étrangères, annonça aux différentes légations que le roi de Portugal s'étant blessé au bras d'un chute avait autorisé la reine à signer les dépêches et autres actes du gouvernement. Bientôt de nombreuses arrestations découvrirent qu'une conspiration avait été formée contre la vie du roi, et voici le résumé qu'on rendit public, mais *sans preuves bien authentiques.*

Joseph Mascarenhas, duc d'Aveiro, et dona Leonora de Tavora firent une quête parmi leurs complices pour former une somme de 192,000 reis (1160 liv.), dans l'intention de la donner à

Revenu à Villa-Bella ; j'ai appris

deux assassins, Antonio-Alvares Fereira, ancien domestique du duc, et Joseph-Polycarpe Azévédo, son beau-frère. Ensuite avec ses deux assassins les conjurés se trouvèrent au nombre de onze, sans compter deux personnes à cheval. Ils se mirent en embuscade entre la maison de campagne appelée *do Meyo* et celle appelée *da Cima*, près Bélem. C'était par là que le roi avait coutume de passer, quand il sortait sans cortège. comme il arriva la nuit de l'assassinat. Le roi ayant passé le coin du *Meyo*, le duc d'Aveiro sortit de dessous une arcade et tira un coup de carabine, qui rata, contre le postillon. Celui-ci, ayant entendu le bruit et vu la lumière, pressa ses mules sans prévenir le roi. La vivacité de leur marche empêcha Fereira et Azévédo qui étaient au poste suivant de tirer en avant de la chaise. Ils ne firent feu que lorsqu'elle fut passée, et la grosse mitraille dont leurs armes étaient chargées, perçant les panneaux de la voiture, blessèrent le roi en dedans du bras et un peu au corps. Sains faire la moindre plainte, Joseph ordonna au postillon de tourner bride et de le mener au plus vite chez son premier chirurgien.

qu'Azévédo, connu aux mines sous le

Après s'être confessé, il souffrit en silence le pansement. Sa présence d'esprit lui fit ainsi éviter les autres postes des conjurés qui l'attendaient. Ils se réunirent encore la même nuit et le duc d'Aveiro frappant avec fureur de sa carabine qui avait manqué le postillon, s'écria : « Que tous les diables t'emportent, puisque c'est ainsi que tu me sers ! » Le marquis de Tavora mettant en doute si le roi avait été tué : N'importe, répondit le duc, s'il n'est pas mort, il mourra. Ils se rassemblèrent encore le lendemain avec leurs parens; les uns blâmèrent les deux assassins de n'avoir pas tiré de manière à tuer le roi; d'autres se vantèrent qu'ils auraient été plus adroits, s'il avait passé à leur portée au lieu de retourner comme il l'avait fait d'Adjuda pour aller à Junquiera.

Voilà le jour sous lequel l'affaire fut présentée; on accusa en outre les jésuites d'avoir machiné cet attentat pour maintenir les usurpations qu'ils avaient faites sur la couronne de Portugal en Afrique, en Asie et en Amérique et d'avoir prédit la mort du roi avant la fin du mois d'août. Le nom du pape fut même compromis dans cette affaire.

II   6

seul nom de Joseph , avait disparu et

Le duc d'Aveiro, après avoir, quoique prévenu, négligé de se sauver, après l'avoir ensuite
essayé inutilement et fait une assez longue défense dans sa maison de campagne d'Azeitao sur
les bords du Tage au-dessus de Lisbonne, fut
enfin arrêté et renfermé ainsi que les autres conjurés, dans les loges destinées aux bêtes féroces,
à l'entrée du jardin du roi à Bélem. Là, pendant toute l'instruction du procès, ils furent
traités avec la dernière rigueur, au point qu'on
ne leur permit pas même de changer de linge et
de vêtemens.

Enfin, la sentence de la junte condamna le duc
d'Aveiro, après avoir été dénaturalisé, dégradé de
son rang et de ses ordres, à être mené, la corde
au cou, précédé du crieur public, à la place de
Caës de Bélem pour être rompu vif, puis mis sur
une roue et brûlé vif avec l'échafaud et les cendres jetées à la mer; son nom fut anéanti, ses
armoiries effacées, ses biens confisqués, ses palais et maisons abattues, et défense à qui que ce
fût de porter son nom. Le marquis de Tavora fut
condamné aux mêmes peines. Féreira et Azévédo
le furent à être brûlés vifs; mais le dernier s'était

passant la Guapore ; s'était jeté dans

____

enfui. Les deux Tavora fils, le marquis d'Antou-
guia, Braz-Joseph Romeiro, Jean Miguel, Ma-
noël Alvarez furent étranglés, puis rompus et
ensuite brûlés et leurs cendres jetées à la mer. Il
en fut de même de celles de la marquise de Tavora qui fut décapitée et brûlée. La jeune marquise
de Tavora ne fut point impliquée dans le procès,
mais elle se retira dans un couvent.

Le roi après sa blessure s'était retiré dans son
palais et ne se laissait voir que par la reine, le
cardinal Saldanha, le comte d'OEyras, ses
médecins et chirurgiens. Pour empêcher les conjurés de s'échapper on avait mis un embargo général sur tous les bâtimens dans le Tage. La cour
fut d'abord défendue au nonce qu'on fit ensuite
conduire sous escorte jusqu'aux frontières; le
pape renvoya de son côté l'ambassadeur de Portugal. Quant aux jésuites, ils furent embarqués
par troupes et envoyés à Civita-Vecchia. On sait
que ce fut l'origine de l'abolition de leur ordre,
d'abord en Portugal et bientôt dans toute l'Europe. L'admirable établissement des missions au
Paraguay fut aussi détruit par la suite, et les
malheureux sauvages qui les composaient furent

la Province Espagnole des Moxas, soit qu'il n'ait pas eû une confiance entière dans mes promesses, soit qu'il ait craint d'être découvert par d'autres personnes que les deux mille cruzades pourraient tenter.

Son départ a fait fermenter dans ma tête un projet qui doit accélérer la fin de mon exil ou celle d'une existence qu'il m'est impossible de supporter plus long-temps. Je ne puis plus vivre sans Louisa, sans communication quel-

---

battus, pris ou dispersés par les troupes combinées d'Espagne et de Portugal.

La manière dont Azévédo explique la conjuration n'est pas de pure invention; c'est l'opinion de beaucoup de personnes en Portugal, surtout dans les premières classes. C'est sous ce point de vue que la présente l'auteur des *Mémoires du marquis de Pombal*, 4 *vol. in*-12, 1783. Au reste malgré tout ce qu'on a pu écrire sur cet objet, ce point d'histoire est encore susceptible de beaucoup de discussions.

conque, non seulement avec elle, mais avec l'ancien continent. Les lettres mêmes de mes parens ne me parviennent plus, et si le jugement ne m'apprenait le nom de tous les condamnés pour l'assassinat du roi, je croirais toute ma famille engloutie dans cette affreuse catastrophe. *Revoir Louisa ou mourir !* Voilà mon unique pensée. Adieu, adieu ! — Peut-être pour toujours !

LETTRE XXXVIII.

Lisbonne, ce 7 mai 1758.

Depuis près de six mois, mon cher don Joan, tu n'as point reçu de mes nouvelles, et sans doute tu m'as cru perdu, noyé ou mangé par les sauvages. Eh bien! rien de tout cela, et ce qui t'étonnera bien davantage, je sors des prisons, et même du plus noir des cachots; mais rassure-toi: maintenant je suis à Lisbonne, au sein de ma famille. Quel crime as-tu commis? diras-tu, ou plutôt de quoi as-tu été accusé? C'est moi, mon ami, qui me suis accusé moi-même; c'est moi qui me suis précipité volontairement dans les fers, au risque de périr dans les plus affreux tourmens. Tu as sans doute appris que Joseph-Polycarpe Azévédo avait été arrêté au Brésil et traduit dans les prisons de cette capitale. Cet Azévédo prétendu, c'est moi-même. Le véritable erre sans doute dans les déserts du Paraguay ou de la province des Amazones, si les flèches empoisonnées des sauvages, si la misère ou les remords n'en ont pas fait justice. Mais il faut te développer cette longue énigme dont le mot est amour et désespoir (1).

La revoir ou mourir! te disais-je, je crois, à la fin de ma dernière lettre. Et que m'importait en effet la vie sans Louisa, sans mon père et tous les

---

(1) Ceux qui ne connaissent pas le caractère portugais trouveraient la résolution de don Joan bien invraisemblable, si on ne les assurait que c'est un fait réellement arrivé, connu à Lisbonne et qui même n'est pas ignoré en France, puisque le Publiciste en donne une notice succinte sous des noms différens, il est vrai, mais qui ne changent rien à la vérité de l'anecdote.

amis de mon cœur ? Les horreurs du tombeau ne valent-elles pas mieux que la privation de tout ce qui fait le charme de l'existence ? Ce ne sont point de vains mots : une âme ardente et vraiment passionnée n'hésitera point entre la mort et le malheur d'être éternellement séparé des objets de ses plus chères affections. Plein de ces idées, le cœur navré, l'imagination *assombrie* par les chagrins que j'avais causés à la famille de Valville, je rêvais sans cesse aux moyens de décider mon sort d'une manière ou d'une autre. Enfin la rencontre et la fuite d'Azévédo, me donnèrent l'idée de me faire passer pour ce scélérat, persuadé que ce serait une manière de me faire reconduire en Portugal. J'envisageai les suites que pourrait avoir une pareille entreprise : mauvais traitemens, tortures, supplice infâme peut-être, je prévis tout et je bravai tout, parce que

mon nom et ce qui compoe le *moi*
moral, ne seraient pour rien dans cette
affaire ; car si j'avais le courage de
supporter les peines physiques, je n'aurais pas eu celui de me mettre au-dessus de la honte et de l'infamie.

Affermi dans ma résolution, je quittai Villa - Bella, et prenant un nom
supposé, je me rendis dans le gouvernement de *Bahia-de-todos-Santos*. Là
j'eus soin de prendre toutes les fausses
précautions qui pourraient me rendre
suspect. Je changeais souvent de demeure, de nom, de costume. Je faisais dans différens lieux des récits con-
tradictoires sur mon propre compte.
Voyant que tout cela était insuffisant,
je cherchai enfin à faire quelque fausse confidence, dans l'espoir qu'elle
serait trahie. Sur les bords du fleuve
Saint-François habitait un petit propriétaire connu dans le pays pour sa
mauvaise foi, sa bassesse, son avidité,

et qui pourtant n'avait qu'une médio-
cre fortune, car le vice ne prospère
pas toujours dans ce monde. J'eus l'air
de me lier avec lui, d'entrer dans ses
idées; j'obtins en un mot tous les détails de sa méprisable vie, détails dont
je te fais grâce, parce qu'ils t'inspire-
raient plus de dégoût que d'intérêt.
Lorsqu'il m'eût dévoilé d'un ton satisfait et triomphant tout ce tissu d'ini-
quités, je feignis de lui répondre par
une confiance réciproque; et affectant
une sorte d'hésitation inquiète, je lui
dis enfin à voix basse que j'étais Azévédo et que je comptais sur lui pour
m'aider à me dérober aux poursuites
qu'on faisait contre moi. Son étonnement, son air rêveur et préoccupé,
ses réponses en monosyllabes, tout
m'annonçait qu'il formait un plan pour
tirer parti de mon indiscrétion, et
certes, si j'eusse été dans l'intention
d'en éviter les suites, je ne serais pas

resté deux heures chez lui. Bientôt il
me combla de caresses, de protesta-
tions et fit l'impossible pour endor-
mir mes craintes et fortifier ma sécu-
rité. La fausseté se trahit toujours par
ses propres mesures. L'exagération de
son zèle était faite pour m'inspirer
autant de défiance que son premier silence. Je lisais dans son vil cœur ; je
vis que j'étais parvenu à mon but, et
qu'il se regardait déjà comme maître
de la somme promise à qui livrerait
Azévédo.

Il ne tarda pas long-temps à exécu-
ter son projet ; car à peine la nuit fut-
elle venue, à peine me crut-il enseveli
dans les bras du sommeil, que je l'entendis sortir de chez lui le plus dou-
cement possible. Je jugeai que mon
sort était décidé, et j'avoue que je ne
pus me défendre d'un peu d'émotion ;
mais l'image de Louisa vint me rendre
le courage et la fermeté qu'exigeait la

circonstance. *La revoir ou mourir !* répétai-je avec force ; et j'attendis tranquillement ce qui allait arriver. Semblable à l'innocence condamnée qui s'endort paisiblement sans songer au supplice qui lui est annoncé pour son réveil, je goûtai quelques heures de repos pendant lesquelles des rêves fantastiques me montrèrent Louisa et le bonheur. J'en fus tiré par le bruit de ma porte qui s'ouvrit avec fracas, et par les vociférations, les injures d'une troupe de gens armés ayant à leur tête le corrégidor du canton. Mon perfide hôte fut le premier à insulter à ma position. Je lui jetai un regard de mépris, et je me laissai lier et accabler de mauvais traitemens sans prononcer une seule parole. On m'attacha sur un cheval, et je fus ainsi conduit à travers la *Sierra Chapada* jusqu'à *San Salvador.* Ce triste voyage dura plusieurs jours qui furent pour moi une

suite d'outrages, de duretés, de misè-
res. Je ne vécus que de quelques racines de manioc qu'on me jetait comme
au plus vil animal; mais ce n'était rien
en comparaison de tout ce que j'eus à
éprouver à San-Salvador. Le peuple,
averti de mon arrivée, se précipitait
sur mes pas avec une fureur qui ne
put être contenue que par la force
armée qu'on mit autour de moi, et
sans laquelle j'aurais été déchiré. Conduit devant le gouverneur dont j'étais
sûr de n'être pas connu, il me demanda si j'étais Joseph-Polycarpe Azévédo.
« Je le suis », lui dis-je. Il ajouta beaucoup d'autres questions auxquelles je
ne jugeai pas à propos de satisfaire,
de peur de compromettre mon rôle
par quelque inconséquence. « On saura
bien te faire parler, scélérat », me dit
le gouverneur avec colère, et il ordonna qu'on me conduisît en prison.
Je fus jeté dans le plus affreux cachot;

on me chargea de fers qui me blessaient et me laissaient à peine le pouvoir de lever les bras, précaution bien inutile, puisque j'étais loin de penser à m'évader. On me laissa languir beaucoup plus long-tems que je ne comptais, et j'eus tout le tems de réfléchir à l'horreur de ma position. Je ne concevais pas comment le vrai coupable pouvait se soutenir, ayant sans cesse devant les yeux l'image d'un supplice mérité, et dans son cœur le remords, la honte et le désespoir. Pour moi, j'étais au contraire fortifié par l'espérance, et je trouvais que ce n'était pas trop souffrir, si le résultat devait être de revoir Louisa et tous ceux que j'aimais.

Mon affaire fut présentée à la Relaçao, tribunal composé du gouverneur, du chancelier et de dix *désembargadores*. Je ne puis te rendre compte de tout ce qui s'y passa. Je sais seulement qu'un jour je fus amené devant ces juges : on me répéta la question sur mon nom et je répondis affirmativement que j'étais Azévédo. On me demanda mes complices : « ils sont connus, » dis-je et ils ont subi leur sort. — « En aviez vous d'autres ? » — « Non ; » — « quels étaient les motifs et le but des conjurés ? » — « Haîne et vengeance. » — Une longue scène de questions la plupart oiseuses resta de ma part sans réponses, ou je n'en fis que de vagues. On en revint à mes complices et on me menaça de la torture pour me les faire avouer tous ; mais je m'en teins à ma réponse et j'ajoutai seulement que si j'avais de nouvelles lumières à donner, ce ne serait qu'au ministre lui-même que je voudrais les communiquer. On ne poussa pas les choses plus loin. Je n'assistai point aux délibérations qui suivirent ; mais je fus instruit par les geoliers que ; regardant l'identité comme prouvée et ma condamnation ayant été prononcée à Lisbonne , on devait passer à l'exécution. Le tribunal même, voulant signaler son zèle , opinait à me faire écarteler avant de me jeter au feu. Les avis étaient partagés , la décision fut remise à la prochaine séance. Dans l'intervalle un des geoliers m'annonça le jugement ; en sorte que j'attendais à chaque instant qu'on vint me lire ma sentence. J'étais bien résolu alors de déclarer que je n'étais pas Azévédo et même , si cela était absolument nécessaire , de me faire connaître sous mon véritable nom. Il était possible cependant qu'on ne voulut pas me croire et qu'on passa outre pour se faire valoir. D'ailleurs pour vérifier ce que j'aurais avancé , il eût fallu prendre des informations à *Rio-Janeiro*. Le gouverneur , jaloux de prouver son indépendance du Vice-roi, la *Relaçaô*, non moins jaloux de n'être plus, depuis 1751, le premier tribunal du Brésil, auraient-ils voulu s'y prêter? Dans tous les cas, j'étais résigné à mon sort et même aux affreux tourmens qui paraissaient me menacer. Je fus plusieurs jours dans cette anxiété : enfin, dans une nouvelle délibération de mes juges, le gouverneur établit que l'identité complette n'était pas prouvée par mon simple aveu, que la Relacaô n'avait pas le droit d'altérer le jugement de la junte de Lisbonne, ni même celui de disposer du criminel sans le consentement de la cour. Il parvint à ramener à son avis tous les *désembargadores* et sur le champ un aviso fut expédié en Portugal avec les procès-verbaux de toute cette affaire.

Il me fallut donc languir encore près de trois mois dans mon cachot, jusqu'à ce que l'ordre de me transporter en Europe fût arrivé, au grand regret de mes juges et surtout du peuple qui s'attendait à être témoin de mon supplice. Je fus jeté à fond de cale, chargé des mêmes fers que dans ma prison. Quoique dans une situation bien différente de celle où j'étais en quittant le Tage, la joie était dans mon cœur et le bâtiment ne marchait pas assez vîte à mon gré. Une entrée triomphale m'eût procuré moins de vraies jouissances que je n'en éprouvai, lorsque j'entendis le canon de Saint-Julien et quelque temps après celui de la tour de Bélem, annoncer l'arrivée du bâtiment dans le fleuve. Le vaisseau continua sa marche et jeta l'ancre devant la nouvelle place du commerce. On ne me tira de ma cale qu'à la nuit ; je fus entouré de quelques soldats et conduit dans un des cachots de la grande prison.

L'intention du ministre, en faisant

amener à Lisbonne le prétendu Azévédo , était d'en tirer de nouveaux
éclaircissemens sur la conspiration et
il avait observé qu'une de mes réponses semblait en effet en annoncer.
Je l'avais faite à dessein et je lui dois
peut-être d'avoir quitté le Brésil. Je
fus donc interrogé dès le lendemain
par un membre de la junte : je me
bornai à répondre que j'étais Azévédo
et rien de plus. J'étais bien sur de
n'être pas reconnu , fut-ce par mon
père , dans mon état de maigreur
extrême , couvert de haillons , la barbe
longue et les cheveux hérissés. On
répéta plusieurs fois les mêmes inter-
rogations et je m'en teins aux mêmes
réponses. Enfin le ministre voulut me
voir et ordonna qu'on m'amenât de
de nuit à son palais. On me rasa, on
me peigna , on me donna un vêtement
grossier , mais plus propre que les
lambeaux dont j'étais couvert. Délivré

de mes fers, je fus mis dans une chaise,
escortée de quelques cavaliers et qui
me transporta chez le comte d'OEyras.
Il m'envisagea quelque temps : « Vous
n'êtes pas Azévédo ? » Me dit-il vivement. « Non, » répondis-je ; ce n'est
pas à votre excellence que je prétends
en imposer. « Ma voix le frappa et il
me reconnut alors : « quoi ! c'est vous,
don Carlos ? » S'écria-t-il en faisant
un geste qui annonçait son extrême
étonnement ; « c'est vous, malheureux ! qui a pu vous porter à ce dégui-
sement ? » — « L'amour et le désespoir, monsieur le comte. » — « Mais
savez-vous tous les dangers que vous
avez courus et que, sous le nom d'A-
zévédo, vous avez été sur le point
d'être écartelé au Brésil. » — « Je le
sais, mais j'ai tout bravé pour revoir
dona Louisa. Je ne pouvais plus vivre
loin de celle que j'aime ; sans elle
l'existence m'est insupportable et je

préfère mille fois la mort. » Je parlai long-temps sur ce ton , sans que le ministre pensât à m'interrompre. Il m'écoutait avec attention et je produisis dans son cœur un attendrissement , sur lequel j'avoue que je comptais peu. « Tant de constance et d'énergie , » Me dit-il, « méritent d'être récompensés. Celle que vous aimez est encore libre , et il ne tiendra pas à moi que vous soyez heureux. » — « Ah ! cet espoir paye toutes mes peines et je devrai à votre excellence plus que la vie ! »

Le comte renvoya les gardes , me fit donner un manteau dans lequel je m'enveloppai et remontant seul dans la chaise , je me fis conduire chez mon père. Je le surpris étrangement par mon apparition soudaine. Te rendre notre joie mutuelle serait la chose impossible. Quant à ma chère Joséphina , elle était déjà endormie. Il fallut ménager ces nerfs plus délicats et prendre des précautions pour lui annoncer mon retour : elle se hâta de passer un robe et lorsqu'elle se précipita dans mes bras, je crus que l'excès de l'émotion allait la faire évanouir ; mais elle reprit ses sens et se livra à tous les élans de l'amitié avec cette aimable effusion que tu lui connais. Mon frère et ma belle-sœur furent avertis et je les vis bientôt accourir pour me féliciter. Je fus complimenté par tous les gens de la maison : tous me reconnurent, quoiqu'ils me trouvassent étrangement changé et je dois convenir qu'on le serait à moins ; car j'ai passé par de rudes épreuves. Antonio, comme tu peux penser, ne fut pas le dernier à venir me voir, ni le moins satisfait de mon retour : je crus que sa joie le rendrait fou et sur-le-champ il voulut reprendre son service auprès de moi. Il fut convenu qu'on n'ébruiterait pas tout-à-coup mon arrivée. C'était le désir du ministre qui me recommanda aussi de ne point sortir avant quelques jours, surtout à pied ; en sorte que je garde, pour ainsi dire, les arrêts ; mais je ne m'en plains pas : pour m'en dédommager, j'ai tant de jouissances! sans parler de celles que j'espère. Adieu, adieu, partage le bonheur de ton heureux ami.

LETTRE XXXIX.

Lisbonne, ce 24 juin.

Un ministre qui se mêle d'une négociation amoureuse n'y met pas la même activité qu'à une affaire d'état ; surtout quand ce n'est pas pour son compte. Il ne faut donc pas s'étonner que son excellence le ministre de l'intérieur de Sa Majeste très-fidelle n'ait pas agi aussi vîte que l'aurait souhaité mon impatience. Dailleurs il fallait qu'il se transportât en personne chez le marquis de *** qui réduit à un état de très-grand affaiblissement, ne sort plus de chez lui et quitte à peine son fauteuil.

Pendant ce retard, je ne perdais pas mon temps. Antonio, le fidelle Antonio fut dépêché au couvent des *Olivaès*, avec ordre de s'adresser à la supérieure et à Delphine , pour qu'elles amonçassent mon retour à Louisa. Pauvre Louisa ! Elle a supporté les émotions de la joie avec moins de force qu'elle n'en avait mis à résister aux coups du malheur. Malgré les plus grands ménagemens , un frisson suivi d'attaques nerveuses et d'une fièvre délirante furent la suite de cette nouvelle inattendue , et la tinrent plusieurs jours au lit. Juge de mon inquiétude ; j'aurais voulu la voir , la soigner moi-même , et , dans ma déraison , je me désolais , je m'accusais de n'être revenu que pour lui donner la mort. Craintes frivoles ! c'est la vie et le bonheur qui, j'espère, seront les fruits de cet heureux retour. Joséphina m'avait appris que Louisa avait obtenu sans peine de prolonger son noviciat : le marquis n'était point empressé de lui voir prononcer ses vœux , parce qu'il espérait l'amener un jour au but de ses desirs. D'ailleurs son état lui avait ôté l'énergie du mal, et le remords, non encore avoué, avait pénétré dans son âme.

Le comte d'Œyras enfin me tint parole et me fit inviter à passer à son palais. Je m'y rendis, et voici ce que j'appris de lui : « Je me suis acquitté de ma promesse, seigneur don Carlos ; j'ai été chez le marquis lui proposer d'oublier vos anciennes querelles, et de les terminer par l'union de sa fille avec vous. Votre retour l'a d'abord très-étonné et très-ému. Alors je lui ai raconté votre histoire, je lui ai fait valoir votre dévoûment, votre constance et l'énergie de toute votre conduite, quoique très-imprudente sans contredit. Comme moi il a été touché de tant d'amour, et il consent de tout son cœur à le récompenser, en vous donnant dona Louisa. » Un transport de joie que je ne pus réprir mer me fit m'écrier : « Que je suis heureux ! que je vous ai d'obligations ! Toutes mes peines, toutes mes souffrances sont payées en ce moment. » Le comte sourit : « Peut-être, dit-il, votre satisfaction va-t-elle être affaiblie par ce que j'ai à vous ajouter. Dona Louisa est bien la fille du marquis ; mais elle est née d'un mariage qui n'a pas eu toute l'authenticité convenable, et qui n'a pas été revêtu de l'approbation du souverain. Une jeune personne soustraite en naissant à son père envers lequel le marquis a été bien coupable, et à sa mère qui mourut en donnant le jour à cet enfant : telle est celle à qui Louisa doit la vie. Ce n'est pas là le moment de vous expliquer toute cette intrigue ; qu'il vous suffise de savoir que, transportée en Espagne, et confiée aux soins d'une certaine Johanna, cette jeune personne, quand elle eut atteint quatorze ans, excita une violente passion dans le cœur du marquis. Elle résista à toutes les séductions, et ne se rendit qu'après un mariage secret, mais fait au pied des autels et par un religieux qui était son directeur. — Grands Dieux ! m'écriai-je, Louisa est donc la petite-fille du père Dunstan, hiéronimite de *nossa Senhora de la Penha*, dans la montagne de Cintra. — Qui peut vous avoir si bien instruit, reprit le ministre étonné ? — Le père Dunstan lui-même, Monseigneur. » Alors je lui fis l'histoire de ma liaison avec ce digne homme, et du mémoire sur sa vie, qu'il avait remis lui-même entre mes mains. « Mais il est loin, ajoutai-je, de se douter que sa fille ait vécu, et bien moins encore qu'épouse de son mortel ennemi, elle ait donné le jour à un être tel que la divine Louisa. — Je veux voir ce mémoire, reprit le comte, et vérifier si les particularités qu'il contient se rapportent avec les aveux du marquis ; aveux qu'il m'a faits sous le plus grand secret, mais qui sont, à ce qu'il me paraît, plus connus qu'il ne pense. Au reste, pour ce qui vous concerne, voici les correctifs qu'il apporte aux irrégularités civiles qui ont eu lieu dans son union avec la mère de sa fille. Depuis long-temps il a fait un testament où il la reconnaît authentiquement, et déclare qu'il a épousé sa mère devant un prêtre catholique, à Séville ; qu'il l'eût fait reconnaître pour marquise de ***, si la mort ne lui eût enlevé cette femme chérie, à la fleur de son âge. Il déclare dona Louisa héritière de tous ses biens, et n'exige de celui qui l'épousera que de prendre le nom, les titres et les armes de sa maison. Vous n'êtes qu'un cadet, seigneur don Carlos ; vous avez mille exemples dans notre pays de pareils arrangemens. (1) Je pense que cette clause ne sera pas un obstacle à votre mariage, si la nature de celui du marquis ne vous arrête pas, ou plutôt votre famille qui peut-être tient à certains préjugés. — Mon père, répondis-je, veut par dessus tout le bonheur de son fils, et ne fera point d'objections. Vous savez que l'illégitimité même n'est point une tache parmi la noblesse Portugaise, à plus forte raison, la naissance de Louisa, puisque l'église a consacré le mariage de sa mère, et que son père l'avoue publiquement. Quant au titre, je l'accepte; et ce que vient de me dire votre excellence prouve que, pour m'autoriser à

----

(1) On peut citer pour exemple le mariage d'un cadet de la maison de Ponte-de-Lima avec l'héritière de la branche aînée d'Albuquerque, dont les titres étoient marquis de Nisa, grand amiral des Indes, etc.

le porter, elle voudra bien obtenir l'a-
grément de Sa Majesté, sans lequel je
n'aurais pas le droit de le prendre.

Il m'assura que cet article n'éprou-
verait aucune difficulté et il ajouta que,
pour éviter les embarras de la première entrevue, il voulait me présenter lui-même au marquis; en me
prévenant que je le trouverais bien
changé au physique et au moral. Après
une séance de plus de deux heures, je
quittai le comte d'OEyras, à qui j'ai
maintenant les plus grandes obligations. Ainsi je me vois dorénavant
forcé, puisque j'ai accepté ses bienfaits, d'avoir la bouche fermée sur ses
torts et de ne l'ouvrir que sur le bien
qu'il pourra faire. La reconnaissance
l'exige et tu me connais assez pour être
certain que je ne sais pas être ingrat.

Adieu, mon ami, je pars pour
Cintra où j'aurai le bonheur d'ap-
prendre au père Dunstan que je vais

être son fils et qu'il tient encore à la terre par les liens les plus doux et les plus sacrés.

LETTRE XL ET DERNIÈRE

Lisbonne, ce 1er juillet 1759.

JE l'ai vu, mon cher don Joan, je l'ai serré dans mes bras ce respectable veillard et j'ai admiré combien, à son âge, une vie sobre et réglée écarte les infirmités. Je ne l'ai trouvé ni affaibli, ni changé, tandis que le marquis, plus jeune que lui, offre l'image d'une caducité précoce. Le calme de l'âme se montre sur la figure noble et belle encore de l'homme vertueux : l'air morose, soucieux, inquiet imprime un caractère repoussant sur tous les traits de celui qui n'a qu'à rougir de sa vie passée.

Les émotions sont peu vives à l'âge du père Dunstan : il a appris avec plaisir, mais sans transports qu'il était l'aïeul de Louisa ; il a donné quelques larmes à sa fille qu'il n'a jamais connue et dont, a-t-il dit, il avait depuis long-temps fait le sacrifice à Dieu. « Cependant je l'aurais tant aimée ! » a-t-il ajouté avec un profond soupir. Je lui ai demandé s'il consentirait à descendre de sa montagne pour bénir mon union avec sa petite-fille. « Oui, » m'a-t-il répondu en me serrant la main avec force, « Oui, pour Dieu, pour ma fille et pour vous je triompherai de de mon extrême répugnance à revoir le marquis. Au pied de cette croix je dois ensevelir toute idée de haîne, de vengeance et pardonner, comme celui qui est mort en pardonnant à ceux qui le crucifiaient. »

J'ai fait part au marquis des sentimens du père Dunstan, lorsque j'ai été présenté par le ministre à celui qui fût si long-temps mon persécuteur et qui n'est plus à mes yeux que le père de Louisa : il a semblé que je dimi-

nuais le poids des remords qui l'op-
pressent. Bientôt il a fait appeler celle
pour qui j'ai tant souffert, celle que
je n'avais pas revue depuis si long-
temps. Elle a paru, simplement vêtue,
mais avec sa grâce ordinaire. Une intéressante pâleur couvrait son front
qui, à ma vue, s'est coloré d'une
rougeur passagère. La pâleur est re-
venue; Louisa a été forcée de s'asseoir
à l'aide de Delphine qui la soutenait.
Je me suis précipité à ses pieds; j'ai
pris sa main que j'ai couverte de baisers
et de larmes. Les siennes ont aussi
coulé et se penchant vers moi, elle
m'a dit à voix basse, en me serrant la
main : « ah ! je suis la plus heureuse des
femmes ! » Oubliant alors la présence
de son père et celle du grave ministre,
oubliant l'univers entier, je me suis
relevé, je l'ai prise dans mes bras et
j'ai imprimé sur sa joue un baiser qui
l'a fait rougir. « Reconduisez ma fille

dans sa chambre ; seigneur don Carlos, » m'a dit le marquis et je me suis empressé d'obéir, en offrant ma main à Louisa. Arrivés dans son appartement, suivis de Delphine, nous nous sommes livrés sans contrainte à toute notre tendresse et les heures s'écoulaient dans les plus doux épanchemens, lorsqu'on a été obligé de nous avertir qu'il était temps de nous séparer.

La bonne Delphine a eu sa part dans mes témoignagnes d'intérêt j'ai le bonheur de pouvoir la récompenser, en l'unissant avec Antonio qui a bien aussi ses droits à mon attachement. Je leur ai offert une place honnête et lucrative ; mais l'un et l'autre ont refusé de nous quitter, Louisa et moi.

Lorsque j'allai prendre congé du marquis, je ne retrouvai plus le ministre qui était sorti, en lui disant qu'il voulait être présent au mariage et qu'il se chargeait de présenter le contrat à la signature de leurs majestés.

Que te dirai-je mon ami, Louisa est à moi depuis deux jours et je suis au comble de la félicité. Le mariage s'est fait avec plus d'éclat que je ne l'aurais désiré ; car le bonheur aime le mystère. Le père Dunstan n'a voulu quitter son rocher que le jour de la cérémonie qui a eu lieu dans la chapelle du palais du marquis. Mon père et mon frère y assistaient ; mais beaucoup de nos parens ont donné des prétextes pour ne pas s'y trouver, à cause de la présence du ministre. Cependant quel moyen d'empêcher cette présence? Je n'en ai pas moins reçu, depuis, leurs visites et leurs félicitations.

Lorsqu'après le mariage, le père Dunstan entra dans le salon, le marquis, qui ne l'avait encore vu qu'à l'autel, se leva de son fauteuil, se traîna vers lui et vint baiser la manche de sa robe, d'un air d'abaissement qui m'affligea pour lui. Le bon religieux le releva et, lui donnant l'embrassement de paix, lui dit : « ne sommes-nous pas frères en Jésus Christ ? Aimons-nous donc comme tels et ne vivons que sur l'a-venir. » — Te dire les caresses et toutes les marques d'amitié qu'il a données à sa petite-fille serait inutile ; car ton imagination peut se les peindre. Pour moi, je crois qu'il m'aime encore da-vantage depuis qu'il peut m'appeler son fils. Nous aurions désiré le garder auprès de nous et sans doute nous l'eussions obtenu des autorités écclé-siastiques ; mais il n'a jamais voulu y consentir. Seulement il veut bien ha-biter désormais le couvent de Bélem, où du moins nous serons plus à portée de le voir.

J'ai su par une personne du Brésil,

que toute la famille de Valville est heureuse et contente; Henri est marié, et sa sœur n'a conservé de sa longue maladie qu'un peu de langueur qu'on espère voir bientôt dissipée par son union prochaine avec un jeune homme de l'intérieur des terres dont on fait le plus grand éloge. J'ai écrit à Henri, pour le féliciter et l'instruire de mon changement de fortune, et au Vice-roi pour le remercier de ses bontés.

Toutes les lettres que j'écrivais à mes parens, ainsi qu'à toi, se sont retrouvées dans les bureaux où l'on avait ordre de les arrêter et d'où nous avons eu la permission de les retirer. Tu recevras donc un énorme paquet de mes rêveries ; mais je te recommande surtout la lecture de l'histoire du père Dunstan, écrite par lui-même et celle de ces bons Valville, que je me suis amusé à rédiger après m'être éloigné d'eux. C'était une vraie jouissance pour moi de m'occuper de ces tendres amis et cette occupation me faisait sortir en même temps du noir chagrin me dévorait.

Mais que parlé-je encore de chagrin, quand tout sourit autour de moi, quand, en levant les yeux, je vois ceux d'un ange attachés sur moi, épiant toutes les impressions qui se peignent sur ma figure, quand d'un autre côté je contemple ma douce Joséphina qui tantôt rougit, tantôt devient rêveuse, en pensant sans doute à celui à qui j'écris en ce moment. Je sais que cette excellente sœur n'a pas voulu se marier tandis que son frère et son ami étaient malheureux. Hâte-toi donc à présent de demander un congé qu'on ne te refusera pas et viens embrasser un frère dans ton ami.

Don CARLOS marquis de***.

P. S. je reçois à l'instant une lettre

de félicitation de dona Maria, qui,
réunie à son mari, persévère dans la
voie de la vertu et n'a d'autre chagrin
que de voir sa belle-sœur continuer
dans celle du vice. Le Ciel a accordé à
dona Maria le bonheur d'être mère ;
n'est-ce pas une preuve qu'il lui a pardonné ?

L'ÉTRANGER

EN PORTUGAL.

L'ÉTRANGER

EN PORTUGAL,

EXTRAIT

DES MÉMOIRES

DU PÈRE DUNSTAN, HIÉRONIMITE,

ÉCRITS PAR LUI-MÊME.

MALHEUR à celui que les circonstances ou la nécessité réduisent à servir hors de sa patrie. La puissance qui l'adopte n'efface jamais entièrement son caractère d'étranger. Les dédains, les humiliations, les corvées désagréables deviennent son partage : si par hasard il est distingué par ses chefs, il devient l'objet de l'envie des nationaux, il se voit en butte aux trames, aux persécutions ; et rarement obtient-il la protection à laquelle il a droit. La France est peut-être la seule qui mérite exception à cet égard, et mes compatriotes, en particulier, ont toujours eu à se louer de leur service chez cette puissance. Mais de tous les pays où les Irlandais catholiques sont entraînés par leur fausse position, vis-à-vis de la mère-patrie, le Portugal est peut-être le pire de tous, par la haine que portent les habitans à tout ce qui est étranger, à tel point que ce nom même d'étranger est une injure dans leur bouche. Mon histoire, au reste, est une preuve de ce que j'avance.

Je suis né sur les bords rians de la Suck, à quelques lieues de Roscommon, dans le Connaught, non loin du lac Long-Ree, qui sépare cette province du West-Meath. Cadet d'une famille noble et peu riche, je fus placé de bonne heure dans une maison d'éducation à James-Town, sur la Duff. Ainsi, privé d'une mère en naissant, et d'un père lorsque j'étais encore dans un âge faible, je n'éprouvai point les effets de la tendresse paternelle, je ne connus point les sentimens de la piété filiale. Mon esprit, en se formant, ne fut point imbu des principes de famille, et ma jeune raison ne fut point influencée par les exemples de respectables parens. Des tuteurs insoucians livrèrent mon enfance à des mains mercenaires, et je fus élevé dans une de ces maisons où, sans égard pour la variété des caractères, des inclinations et des moyens physiques et moraux, une même éducation comme un même régime gouverne une foule d'êtres destinés à remplir chacun un rôle différent dans le cours de la vie : semblables à peu près aux plantes d'un jardin que le cultivateur ignorant pla-

cerait dans le même terrein, soumet-
trait aux mêmes expositions et à la
même culture. On en sort sans idées
du monde où l'on doit vivre, des fa-
cultés qu'on y apporte, des devoirs
qu'on y contracte ; à peine lancé dans
cette nouvelle carrière, on voit que
tout a été présenté sous un faux point
de vue, qu'on a été trompé sur presque tous les objets et l'on s'empresse
d'oublier des instructions données avec
trop de négligence, trop peu d'intérêt,
ou trop de dureté, pour avoir fait une
impression bien profonde ; le jeune
homme se trouve la tête et le cœur
vides, son jugement n'a pas de bases
fixes pour le guider dans le choix des
sentimens qui doivent l'animer, des
règles de conduite qu'il doit suivre,
des principes qu'il doit adopter ; sa
raison est souvent obscurcie par la
fougue des passions qui se dévelop-

pent et éclatent alors tout à la fois (1).

Telle était ma situation en sortant de James-Town ; heureux celui qui en pareil cas peut être dirigé par de sages conseils, par de bons exemples ; il tombera dans des erreurs, il commettra dés fautes peut-être ; mais il les sentira et si le vice l'atteint momentanément il ne s'enracinera pas dans son âme ; si l'ardeur de la jeunesse l'écarte quelquefois du sentier de la vertu, il y rentrera bientôt et finira par ne plus le quitter.

Pour mon bonheur je me trouvais à mon entrée dans le monde, posséder dans mon frère aîné un ami doué

____

(1) Ces vérités sont incontestables et prouvent qu'il est plus aisé de voir les inconvéniens que d'en donner les remèdes ; car il n'en reste pas moins démontré que l'éducation publique est celle qui convient le mieux aux jeunes gens, et qu'il faut se défier des systèmes sur cet objet.

de toutes les qualités qui font un homme respectable, de la sensibilité qui rend la vertu intéressante, et de la douceur qui la fait aimer. Cinq ans de différence entre nos âges ne détruisaient point la familiarité, et suffisaient cependant pour me donner dans ses conseils la confiance nécessaire pour leur assurer quelque effet sur moi. Ce qui contribuait encore à augmenter cette confiance, c'est que j'entendais son éloge dans toutes les bouches : il était recherché des personnes qui savaient apprécier le mérite, et l'on m'engageait à suivre ses traces ; j'y étais disposé naturellement : je n'avais de passions que ce qu'il en fallait pour être susceptible du bien ; jamais elles n'ont eû chez moi ce caractère fougueux qui nous entraîne beaucoup au-delà des bornes de la raison, produit quelquefois de grands effets, mais plus souvent donne lieu à

de cruels repentirs. C'est selon moi ,
un grand bienfait de la nature que
cette modération qui s'éloigne rarement d'un juste milieu. On prétend
qu'avec cette-disposition on ne fera
jamais un héros, un grand homme
dans aucun genre ; mais cette assertion
fût-elle vraie, devrait-ce être un objet de regret? Les grands hommes ,
les héros sont-ils donc les plus heureux et même les plus estimables des
hommes ? Les jouissances sont moins
vives, dit-on ; je le crois et je suis loin
de m'en affliger : tout ce qui est trop
vif est de peu de durée ; une suite de
plaisirs modérés et non interrompus ,
voilà le bonheur. Les grandes secous-
ses ont toujours des suites funestes ;
c'est la sensibilité et non la violence
des passions qui procure les vraies
jouissances.

Avec de pareilles dispositions , il
m'eût fallu une vie moins agitée , des

occupations obligées, mais tranquil-
les, enfin une carrière de travail et de
réflexions. Celles de la diplomatie et de
l'administration eussent également
convenu à mon goût, à mes inclinations et j'aurais pris l'un de ces deux
partis, si j'avais été libre du choix.
L'un et l'autre m'étaient fermés par
les circonstances : ma famille était catholique. Si j'avais possédé une fortune indépendante, les sciences m'auraient consolé de la rigueur de la loi
qui m'excluait de toutes les places du
gouvernement. Il ne me restait donc
que le métier des armes ; c'est celui
de tous les cadets irlandais et ceux qui
ne suivent pas le culte anglican, vont
chercher du service chez les puissan-
ces étrangères, parce que, bornés
dans leur avancement aux grades infé-
rieurs de l'armée anglaise, ils n'ont pas
la perspective des honneurs, perspective nécessaire pour soutenir le zèle et

pour dédommager des périls et des privations de toutes espèces auxquels on est exposé dans cet état. Celui qui donne son sang et son repos doit au moins voir en espérance, s'il échappe aux dangers, l'aisance et la considération environner ses vieux jours.

Il était donc décidé que je serais militaire et quoique, par caractère, une autre profession m'eut convenu beaucoup mieux, je n'avais point de répugnance pour celle-ci. J'y avais été destiné dès l'enfance ; élevé avec des idées analogues à cette intention, je possédais les élémens des connaissances qui pouvaient m'être utiles dans cette profession. J'avais un oncle officier général en Portugal : il fut arrangé que je lui serais adressé pour obtenir de l'emploi dans ce pays. Une circonstance favorable se présentait et l'on en profita. La guerre de la succession d'Espagne était dans toute sa force :

non seulement l'Angleterre fournissait une armée auxiliaire, mais elle cherchait partout des sujets qui voulussent entrer dans les régimens de cavalerie portugaise dont les officiers étaient sans capacité et animés du plus mauvais esprit. J'obtins d'être embarqué à Cork avec des réfugiés français qu'on envoyait au Lord Gallowag, alors ambassadeur et général des troupes en Portugal. Quand nous arrivâmes à Lisbonne, le roi Jean V, refusait l'introduction des étrangers dans ses régimens ; mais l'armée alliée ayant été battue par les Espagnols sur les bords de la Caya, le 7 mai 1709, le roi devint moins difficile et nous fûmes placés dans les nouveaux régimens de cavalerie et de dragons qu'on levait alors. Je n'avais d'abord obtenu qu'une commission d'*alferse* qui répond au grade de sous-lieutenant ; la protection de mon oncle me fit passer au grade de lieutenant avant d'entrer en campagne. Cet excellent parent voulut bien m'aider à monter mon équipage. Il me présenta aux chefs de l'armée, et au comte de Villaverde qui devait commander les Portugais à la place du marquis de Fonteira. La campagne suivante se passa dans une espèce d'inaction, parcequ'on resta sur la défensive, les bataillons étant incomplets et nos régimens n'étant encore qu'à demi-levés. Cependant j'eus l'occasion dans plusieurs circonstances, de connaître l'esprit de jalousie des officiers portugais contre tout ce qui était étranger ; au reste j'eus en particulier à me louer des chefs, ce qui y contribua outre la recommandation de mon oncle, fut l'avantage que j'avais d'être de la religion du pays et de m'être procuré des connaissances sur la partie scientifique du métier. Un mémoire raisonné accompagnant un plan que j'avais levé d'une partie du théâtre de la guerre me valut une gratification et le titre d'aide de camp du général en chef.

En 1711, nous prîmes Uliranda et, passant la Guadiana, nous mîmes le pays à contribution et nous nous emparâmes de Zalza ; mais le marquis du Bai qui commandait les Espagnols dans l'Estramadure fit une incursion dans l'Alentéjo, vint bombarder Elvas, le boulevard du pays dans cette partie et nous obligea de voler à sa défense ; l'ennemi s'étant retiré nous prîmes nos quartiers d'été. La campagne d'automne n'offrit rien d'intéressant jusqu'à la saison des pluies qui nous fit prendre nos quartiers d'hiver. Alors le comte de Villaverde retourna à Lisbonne et m'assura qu'il s'occuperait de mon avancement. Il me tint parole : lorsqu'au commencement de la campagne de 1712, il revint prendre le commandement de l'armée, il m'apporta le brevet de capitaine et m'employa à la défense de Campomayor qui fut assiégé. Nous tînmes ferme : les manœuvres de l'armée portugaise, parvinrent, malgré sa faiblesse, à faire lever le siége. Ma conduite me valut des éloges de la part du commandant de la place et des promesses de la part du comte. J'obtins la croix de l'ordre de St-Jacques d'Alcantara que je préférais à celle de l'ordre du Christ, parce qu'elle était plus particulièrement la décoration des militaires. J'eus la perspective d'être fait major au premier travail. Ainsi, je marchais rapidement aux premiers grades et je m'attachais de plus en plus à mon état et à la nouvelle patrie que j'avais adoptée, si non pour toujours, au moins pour un grand nombre d'années. Mais les troupes anglaises quittèrent le Portugal : la cour de Londres cessa de solder une partie de l'armée portugaise et le roi Jean se vit contraint de faire signer à Utrecht une suspension d'armés ; ce qui n'empêcha par les Espagnols de s'emparer de Valence d'Alcantara.

Le 11 avril 1713, la paix du Portugal et celle de l'Angleterre avec la France furent signées à Utrecht. Cependant les démêlés avec l'Espagne ne furent point terminés. Je restais sur la frontière, où je fus chargé avec un très-petit détachement de garder un poste qui protégeait l'Estramadure contre toute l'armée espagnole. Les ennemis firent contre nous diverses tentatives : notre bonne contenance leur en imposa et la Province ne fut point entamée. Je reçus une lettre de complimens du ministre avec une gratification de vingt-cinq monnaies d'or. On me faisait des excuses assez maladroites sur la modicité de cette récompense, motivée sur les besoins de l'état. J'estimais peut-être un peu trop mes services et je jugeai qu'il eut mieux valu ne me rien donner du tout. En conséquence, en vrai jeune homme, je renvoyai l'argent, en ajoutant que j'étais affligé des besoins de l'état, et que si le gouvernement le désirait, il pouvait faire prendre sur mon banquier une pareille somme qui serait à sa disposition (1). On n'accepta que la moitié de la proposition ; car on se contenta de garder la gratification et j'ai su que l'orgueuil portugais avait été offensé de la leçon que je semblais vouloir donner et qu'on ne m'avait nullement su bon gré de ma générosité. Mon avancement en souffrit depuis : je n'obtins point le rang de major que m'avais promis le comté de

____

(1) Ce fait se trouve dans une lettre de Monsieur Harris, auteur d'Hermès, au docteur Warton.

Villaverde et sur lequel je comptais. D'ailleurs j'eus le malheur de perdre mon principal protecteur, l'oncle qui m'avait attiré et soutenu au service de Portugal. La paix définitive qui fut signée au commencement de 1715, acheva de ruiner mes espérances.

Mon régiment fut incorporé et je me trouvai sans place effective. Je conservai néanmoins mon grade et mes appointemens qui étaient doubles, à cause de ma qualité d'étranger et qui pourtant n'excédaient pas la somme de cent vingt livres sterling (1). Encore étaient-ils mal payés ainsi que la solde de toutes les troupes du pays. Le roi Jean V, faisait de grandes constructions qui épuisaient son trésor. Mafra, l'aqueduc de Lisbonne, la chapelle de de St-Roch et surtout l'érection du

____

(1) Environ 3,000 liv., les appointemens des capitaines portugais n'étant que de 1,500 liv.

patriarchat lui coutaient des sommes énormes. Les soldats demandaient l'aumône au roi lui-même qui en plaisantait. Les officiers, pris la plupart dans la classe des artisans, vivaient de leurs métiers : plusieurs même étaient domestiques chez les fidalgues. Pour moi, j'eus le sort de tous ceux qui entrent dans un service étranger et surtout dans celui-ci, je fus négligé, abandonné, abreuvé de dégoût, du moment où l'on crut n'avoir plus besoin de moi. Les appointemens qu'on semblait ne me payer qu'à regret éprouvaient de longs retards et quelquefois des diminutions considérables. Ils ressemblaient plus à une charité qu'on me faisait qu'à une dette qu'on acquittait. C'était cependant, avec la faible succession de mon oncle ma seule ressource pour vivre et j'avais trop de fierté pour en aller mendier, d'autres dans l'antichambre des mi-

nistres ou des grands. Je vivais à Lisbonne dans l'obscurité et l'économie,
cultivant mes talens, mes connaissances et attendant des circonstances
plus heureuses.

L'amour vint m'offrir sa coupe en-
chantée et je crus qu'il allait être un
charme à mes ennuis, un adoucisse-
ment à ma penible situation. Mais j'é-
prouvai combien est à plaindre celui
qui s'abandonne sans résistance, sans
réflexion, à ce sentiment impérieux
qui nous aveugle, nous entoure d'illusions et prête une couleur magique
aux objets les moins dignes de nous
fixer. Qu'arrive-t'il à la victime en-
chantée qui ferme l'oreille à la voix
importune de la raison? Le fantôme
créé par son imagination s'évanouit,
la vérité déchire le voile et nous montre
la réalité dénuée de tout le prestige qui
l'environnait. Les regrets, l'indifférence et quelquefois le désespoir vien-

ment assaillir le malheureux qui s'est
laissé captiver. Il traîne et maudit la
chaîne pesante dont lui-même s'est
chargé ; il soupire après quelque catastrophe qui l'en délivre, fût-ce même
aux dépens de sa vie.

Pour n'être pas tout à fait oublié,
j'étais obligé, de temps en temps,
d'aller aux *baise-mains*, cérémonie
qui répond au lever du roi à Versailles
et à St-James, et qui consiste à mar-
cher les uns derrière les autres, à
mettre un genou en terre successivement devant le roi, les princes et les
princesses, à leur baiser la main et à
se retirer de manière à ne point leur
tourner le dos. Ceux ou celles qui sont
l'objet de cet hommage abandonnent
négligemment leur main, causent avec
les personnes qui sont auprès d'eux et
souvent ne s'occupent guère des êtres
que l'intérêt ou l'étiquette mettent
ainsi à leurs pieds. Je sortais du palais

d'Adjuda où je venais de remplir cet ennuyeux devoir dont je m'exepmtais le plus souvent possible. Tout en gagnant les bords du Tage , je réfléchissais à cette espèce d'humiliation à laquelle on se soumet dans presque toutes les cours , même en Angleterre , le pays le plus libre de l'Europe. Je me représentais le courtisan de Londres , sortant de Westminster où il a traité les Français d'esclaves , et allant fléchir le genou à St-James , tandis que ces mêmes Français restent debout à Versailles devant leur maître. Mon jeune amour propre se révoltait contre la nécessité qui me soumettait à ce désagréable cérémonial , lorsqu'une exclamation flatteuse pour moi partit d'un balcon et vint tout-à-coup me consoler , ou du moins me distraire. Je levai la tête et je vis trois charmantes personnes qui avaient l'air de s'occuper de moi et qui riaient entre elles, mais d'un rire qui ne me semblait point désapprobateur. Je les saluai; elles me rendirent mon salut avec grâce et je continuai d'être l'objet de leur conversation, du moins autant qu'il me fut possible d'en juger en m'éloignant et regardant souvent derrière moi. L'une d'entre elles m'avait frappé plus que les deux autres et l'on pense bien que c'était celle qui avait parlé de moi d'une manière avantageuse. Je la trouvais bien plus jolie que ses compagnes : je me flattais d'avoir lu dans ses regards une expression plus favorable. Enfin je sentais que je serais heureux de lui plaire et j'aimais à me persuader que j'y réussirais.

Lorsque je fus hors de leur vue, j'entrai dans un café peu éloigné et là, j'appris que ces trois jeunes personnes étaient les nièces d'un des prélats de la patriarchale et demeuraient chez lui avec leur mère, parce qu'elles étaient peu riches ; quoiqu'elles ne fussent pas sans espérance. On me vanta surtout l'esprit, les grâces de la senhora Antonia, la plus jeune des trois sœurs, et mon cœur me dit que c'était surement l'objet de ma préférence. « Je dois les connaître, ajouta le maitre du café ; » car j'ai eu l'honneur d'être majordôme au service de monsenhor Nugnez, leur oncle ; et ma femme a été attachée à leur mère dona Pereira, veuve d'un colonel de cavalerie, tué à la bataille de la Caya. » Il entra alors dans de grands détails, dont je me serais bien passé, sur cette bataille, sur les fautes du marquis de Fonteira, sur la mauvaise conduite de la cavalerie portugaise. J'abrégeai son récit, en lui payant ce que j'avais pris chez lui, et je le quittai très-satisfait de ce que j'avais appris. Au lieu de continuer mon chemin, je retournai sur mes pas, espérant revoir encore

la charmante Antonia, ou plutôt celle
à qui je donnais ce nom. Peut-être un
espoir semblable l'avait ramenée sur
le balcon où elle était seule : elle ne
tarda pas à m'appercevoir et le langage
des signes commença entre nous ; car
peu de monde passait en ce moment
dans la rue. J'eus le bonheur de la voir
répondre d'une manière favorable à
tous ceux que je lui fis. Je sollicitai la
permission de lui écrire ; elle montra
une fenêtre grillée au rez-de-chaussée,
en m'indiquant d'y déposer mes lettres
et son doigt sur sa bouche m'ordonna
la discrétion dans mes démarches. Je
m'arrachai enfin de ce lieu, ravi de
mon succès et méditant déjà ce que
contiendrait ma tendre missive. Je
rentrai chez moi, j'écrivis d'inspira-
tion une épître qui me parut brûlan-
te, et j'attendis la nuit pour la porter
au lieu désigné.

En passant la main à travers la grille

pour placer ma lettre hors de la vue des indiscrets, je fus agréablement surpris de trouver un billet soigneusement plié dont je m'empressai d'aller prendre lecture dans le même café où j'avais été le matin. Après quelques complimens sur mon extérieur, Antonia, car c'était bien elle, m'exprimait le désir qu'elle formait que mon esprit et mon caractère répondissent à ces dehors avantageux. Elle finissait par me recommander le secret, parce qu'étant plus jeune que ses sœurs il était possible que la senhora Pereira ne voulût pas la marier avant ses deux aînées. Cette observation semblait m'annoncer un long retard à mon bonheur, et m'affligea d'autant plus que je me voyais réduit à jouer, peut-être pendant plusieurs années, un rôle dont j'avais souvent plaisanté, celui d'un amant portugais, c'est-à-dire, à passer tous les

jours sous les fenêtres de ma belle ;
pour en obtenir un regard, et à ne
nous entretenir que par écrit. Quoique je fusse réellement épris et bien
décidé à n'avoir jamais d'autre épouse,
cependant l'influence du climat n'a-
vait pas agi sur moi au point de me
donner la constance du pays, et mon
impatience irlandaise se révoltait déjà
contre les difficultés que je devais
éprouver. On m'avait cité l'exemple
d'un amant qui pendant dix ans avait
porté chaque jour une lettre à un endroit marqué et pris la réponse, sans
jamais obtenir davantage. Passer ses
plus belles années à faire un pareil
métier me semblait un peu dur et j'en
témoignai quelque chose à Antonia,
qui, dans sa réponse, me rassura un
peu en m'annonçant que le mariage
de sa sœur aînée était une affaire à
peu près arrangée et qu'elle, Antonia,
étant la favorite de son oncle, elle

parviendrait probablement à obtenir un passe-droit sur sa seconde sœur. Ainsi ces longues années d'attente qui avaient effrayé mon imagination pouvaient bien se réduire à quelques mois. C'était beaucoup pour la vivacité de mon amour; mais Antonia était si jolie qu'il me semblait que je ne pouvais rien faire de trop pour l'obtenir. Je me résignai donc, et si je ne pris pas la guitare pour aller chanter sous le balcon de ma maîtresse quelques modhignes (1) en son honneur, au moins je fus peu de jours sans l'appercevoir et sans en être vu. Sa fenêtre entrouverte, sans l'exposer aux regards étrangers, lui laissait distinguer tous ceux qui passaient dans la rue, et dès qu'elle me reconnaissait de loin, elle paraissait à son balcon. Alors un

____

(1) *Modhignas*, nom des chansons ou romances en Portugal.

sourire, un signe favorable, un salut d'intelligence, me récompensaient de ma peine et tous les soirs nos lettres disaient longuement ce que nos regards n'avaient pu exprimer. Ces faibles alimens nourrissaient ma passion ; je trouvais une grâce particulière et un esprit infini à ma belle Antonia, et je me flattai de pouvoir jouir un jour avec elle de tout le bonheur dont un mortel est susceptible.

Le mariage de la sœur aînée se conclut : il était de nature à me donner l'espoir d'obtenir la main d'Antonia, puisque le mari était un Portugais, simple major d'infanterie et qui n'avait guère de fortune que sa place, mais aussi la seule dot qu'il obtint fût la promesse d'un avancement prochain au grade de lieutenant-colonel. Je fus instruit de cette dernière circonstance par mon cafetier que j'avais mis toutà-fait dans mes intérêts : elle ne fût pas

capable de rien changer à mes intentions ; car les calculs de la fortune
étaient ce qui m'occupait le moins et
j'étais trop véritablement épris pour
ne pas être décidé à tous les sacrifices
possibles.

Je trouvai une occasion favorable
d'avancer mes affaires, en me faisant
présenter dans la maison du Sénhor
Nugnez, par un de mes amis qui le
connaissait particulièrement et que je
n'instruisis point cependant de mes
projets. Je m'efforçai de plaire à don
Nugnez et j'y réussis ; mais du côté
d'Antonia, je n'y gagnai que de la voir
deux ou trois fois avec sa mère, ou au
milieu de ses femmes ; car son oncle
me recevait presque toujours dans son
appartement, pendant que les dames
étaient chez elles. Quelquefois il me
demandait si j'étais dans l'intention
de me marier en Portugal : je l'assurais
que j'y serais très-disposé, si le manque

de fortune n'était pas un obstacle à un établissement convenable. Il me répondait que cet obstacle n'était qu'imaginaire, parce qu'avec un état honorable, de l'éducation et mon titre de neveu d'un ancien officier général, je pouvais prétendre à un parti sortable. J'étais alors tenté de lui déclarer ma passion pour sa charmante nièce et je n'attendais que le consentement d'Antonia elle-même. Elle m'assurait dans ses lettres qu'elle avait autant d'empressement que moi, mais qu'il ne fallait rien précipiter. « Il entre sûrement dans les vues de mon oncle, m'écrivait-elle, de vous marier à une de ses nièces ; tout me le persuade : l'éloge qu'il fait de vous continuellement en notre présence, l'intention qu'il témoigne de vous faire rentrer en activité dans le service, afin de vous ouvrir la voie à quelque avancement. Cependant tout cela semble regarder ma sœur plutôt que moi et souvent il me répète, quand je suis seule avec lui, que s'il pouvait la marier, alors il s'occuperait volontiers de sa petite Antonia. Je lui ai demandé si, dans le cas où je trouverais quelqu'un qui me convînt, il faudrait absolument attendre que ma sœur fût pourvue. Après quelques réflexions, il m'a répondu que cela serait absolument nécessaire, par ménagement pour elle et pour ne pas contrarier ma mère ».

Toutes ces difficultés, loin de me rebuter, ne faisaient qu'accroître mon amour, car il se nourrit de contrariétés. Le peu d'occasions où je pouvais rencontrer les dames chez leur oncle me faisait voir dans Antonia un naturel, une gaîté qui m'enchantaient de plus en plus, et paraissaient de voir faire le charme de ma vie. A peine pouvais-je lui adresser quelques mots insignifians, parce que l'oncle et la mère avaient l'air de m'observer également. Pour échapper à leurs remarques, j'adressais même plus volontiers la parole à l'aînée qu'à la cadette. J'en fesais ensuite de tendres excuses dans mes lettres à Antonia qui m'approuvait, me recommandait de ne rien précipiter et de la laisser faire, en m'assurant qu'elle amenerait son oncle au point où elle voulait en venir.

Elle en fit, sans succès, plusieurs tentatives indirectes : enfin elle imagina d'intéresser sa sœur elle-même à notre union. Elle lui fit la confidence de son amour, de notre correspondance secrette et l'engagea, en riant et en la caressant, à chercher promptement un mari pour son propre compte. « Ma mère, » lui disait-elle, « ne consentira jamais à mon mariage avec le jeune Irlandais, avant que tu sois pourvue, mon oncle suivra en cela le désir de sa sœur. Tu vois donc qu'il faut absolument que tu aies au plus vîte un amant, afin d'en faire sur le champ un époux. » — « Tu es si pressée, ma chere amie, » lui répondit sa sœur en l'embrassant , « que le moyen que tu proposes entraînerait beaucoup trop de lenteurs. Il en est un bien plus simple ; c'est que tu ne m'attendes pas. Je ne tiens point au rang d'aînée dans une pareille affaire et je serai de bon cœur ton avocat auprès de ceux de qui nous dépendons. » Antonia sauta de joie, embrassa mille fois une si excellente sœur qui au reste lui tint parole et dès le jour même sollicita le consentement du chanoine et de dona Pereira. Elle n'eut pas de peine à persuader le bon Nugnez : il fût enchanté de voir sa petite Antonia établie et de m'avoir pour neveu. Il se réunit alors à l'aînée de ses nièces et il ne fallut pas moins que le poids de son opinion et même de sa volonté pour obtenir le consentement de sa sœur : elle voyait avec peine qu'on dérangeât les idées d'ordre qu'elle s'était formées pour l'établissement de ses filles. Il fallut céder ; car elle n'avait pas d'objection plus sérieuse à faire.

On m'obtint, pour présent de noces, d'être remis en activité et le Senhor Nugnez me présenta une lettre du ministre de la guerre qui m'attachait au régiment de cavalerie d'Alcantara qui ne quitte Lisbonne qu'en temps de guerre et qui fait le service à la cour. Quant à Antonia, toute l'ostentation portugaise se déploya en sa faveur. Sa dot fut à peu près nulle ; mais on n'épargna rien de tout ce qui devait paraître. Les robes, les bijoux, les objets de toilette se montèrent à une somme considérable qui, plus sagement employée eût pu contribuer beaucoup à notre aisance. Antonia me parut bien plus sensible à toutes ces bagatelles que je ne l'aurais désiré; cependant je pardonnais aisément cette faiblesse à son âge , d'ailleurs j'étais si prévenu en sa faveur , si enchanté de la posséder, que je ne pouvais lui supposer un défaut réel. Malheureusement ce goût excessif de la parure et d'un luxe déplacé, eut avec le temps , les suites les plus funestes.

J'étais trop passionnément attaché à ma femme pour ne pas chercher à satisfaire tous ses désirs , même lorsqu'ils ne s'accordaient pas entièrement avec la raison. Presque borné à mes appointemens , comme je l'ai déjà dit, nous avions besoin de beaucoup d'économie ; mais c'est ce que je ne pus jamais faire entendre à Antonia. J'aurais voulu me loger auprès du quartier d'Alcantara , afin d'être plus à portée de faire mon service , soit au régiment, soit à Bélem. La convenance et le

moindre prix des loyers nous auraient
dédommagés de l'inconvénient d'être à
une des extrémités de la ville. Antonia
ne voulut jamais y consentir. Elle
exigea que nous habitassions la partie
la plus brillante de Lisbonne. Elle sut
m'y décider en employant tous ses
moyens de séduction auxquels il est
impossible de résister. Elle cherchait
et saisissait toutes les occasions de
de plaisir qui pouvaient s'offrir, et
mes liaisons avec les étrangers, soit
diplomates, soit négocians, lui en
fournissaient bien plus que si elle eût
été obligée de suivre à la rigueur les
mœurs portugaises. La brillante toilette qu'elle avait reçue de son oncle
lui servit à paraître pendant quelque
temps avec éclat ; mais nos moyens
ne nous permettaient pas de la soutenir sur ce ton, sans nous exposer à
la plus grande gêne. Je fis des représentations à Antonia : elle n'y répondit

que par des caresses, des prières et des larmes auxquelles il me fallut céder, tout en sentant néanmoins que nous nous préparions le plus grand embarras. Je parvins long-temps à m'étourdir sur ma position ; enfin il fallut nous réduire, afin d'appaiser les créanciers. En vivant mal dans notre intérieur, en nous privant de mille petites jouissances qui contribuent au bonheur de la vie, nous continuâmes à conserver l'extérieur de l'aisance. Antonia fût cependant obligée d'adopter une mise plus simple et cette réforme prit sur son humeur. Elle devint triste, morose et je commençai à croire qu'elle m'aimait moins. Bientôt j'en vins à penser que peut-être elle ne m'avait jamais véritablement aimé et que la seule envie de se marier et d'être plus libre avait été le but de sa liaison avec moi. Je vis se dissiper une foule d'illusions dont mon amour l'avait environnée et je ne cessai pourtant pas de l'aimer. On sent combien toutes ces réflexions répandaient d'amertume dans mon âme. La gaîté, les doux épanchemens, la confiance mutuelle, tout ce qui fait le charme de l'union conjugale disparurent de notre intérieur pour n'y laisser que les froids procédés, souvent accompagnés de l'ennui. Une telle situation d'esprit et de cœur faisait désirer à Antonia les scènes de distraction, et je m'y prêtais d'autant plus aisément que j'en avais besoin moi-même. Nous cherchions l'un et l'autre à échapper aux têtes-à-têtes qui, à dire le vrai, n'étaient rien moins qu'agréables. Notre manière d'être dans le monde, l'un et l'autre, était bien différente : comme j'étais vivement et sincérement affecté, j'y portais ma tristesse et ma taciturnité. Antonia, au contraire, y était vive, inconséquente et légère jusqu'à la coquetterie. Cette conduite augmentait mes chagrins et le poison secret qui me dévorait ; je ne faisais pourtant que de débuter dans la carrière de l'infortune.

Antonia me demanda un jour une parure pour une fête à laquelle elle était invitée. C'était une de ces réunions dont les cérémonies religieuses sont le prétexte, et qui se terminent ordinairement par des plaisirs très-profanes. J'aurais voulu la satisfaire ; mais je me trouvais dans l'impossibilité absolue de le faire. Sans argent, sans crédit, je n'osais m'adresser à des marchands auprès de qui j'étais déjà endetté. Je lui expliquai ma position : « Eh ! bien, dit-elle, d'un ton piqué, je n'irai point à cette fête et je renoncerai à la société si je n'y puis paraître d'une manière convenable. J'aime mieux m'en priver que d'y être affligée par des comparaisons humi-

liantes. » Je voulus la dissuader de
prendre un parti si sévère : mes prières furent inutiles et, à compter de
ce jour, elle resta chez elle n'ayant
d'autre passe-temps que celui d'aller
à l'église ou de demeurer des heures
entières sur son balcon. Cependant
au bout de quelque temps je fus étonné de lui voir prendre un air plus
libre et même un peu de gaîté, quoiqu'il y eût des instans où elle me parût
très-préoccupée. Enfin elle me dit un
soir qu'elle irait à cette fête à laquelle
elle semblait avoir renoncé, parce que
son oncle lui avait fait présent de la parure dont elle avait besoin pour cette
occasion; qu'au reste, il ne fallait ni
en remercier le senhor Nugnez, ni
même lui en parler, son intention
étant de ne point paraître avoir fait
ce cadeau, afin de ne point mécontent-
ter ses deux autres nièces. Pour moti-
ver cette conduite de son oncle, elle

ajouta plusieurs autres raisons qui me parurent plausibles, quoique un peu extraordinaires. Peu à peu elle reprit ses habitudes, et bientôt je fus obligé de lui faire, avec toute la modération possible, des représentations sur ses étourderies et son air trop éventé dans le monde. Elle me répondit en riant, en me faisant quelques cajoleries qui me calmèrent et je n'attribuai ses inconséquences qu'à la légèreté de son caractère. Enfin, une querelle fort vive entre elle et Johanna, sa domestique favorite, me révéla un affreux mystère qui acheva d'empoisonner ma vie, et ammena la catastrophe dont le résultat a été pour moi d'embrasser l'état où je suis.

Nous étions logés vis-à-vis du palais du marquis de Melgasso ; son fils, don Louis, quoique très-jeune, avait déjà des mœurs très - corrompues et quelques aventures deshonorantes l'a-

vaient noté dans l'opinion publique.
Antonia, pour notre malheur commun, attira l'attention de ce jeune
homme. La jolie figure, la tournure
piquante de ma femme excitèrent la
passion du jeune marquis; les signes
commencèrent d'un balcon à l'autre:
Antonia y répondit par coquetterie et
sans intention bien décidée. Les lettres succédèrent, elles furent reçues
et elle y répondit, mais ce n'était d'a-
bord de la part d'Antonia qu'un simple
jeu qui flattait sa vanité et amusait son
esprit. Quand on joue avec ses devoirs, quand on se permet des inconséquences graves, on est bientôt entraîné à oublier tout-à-fait ce qu'on
avait d'abord regardé comme sacré.
Le cœur se déprave par degrés et, de
faute en faute, on parvient insensiblement aux plus criminelles. Les lettres de don Louis étaient tendres et
séduisantes; il faisait des offres de

toute espèce et des promesses sans bornes. Avancement pour moi dans les colonies; parures, bijoux, argent pour Antonia, rien ne lui coûtait pour parvenir à ses fins. Il avait en outre gagné Johanna qui plaidait sans cesse en sa faveur et qui était écoutée sans colère. Déjà vaine de sa conquête, Antonia faisait tout ce qu'elle pouvait pour la conserver et finit par être tentée de profiter des offres du jeune fidalgue, lorsqu'elle vit que je ne pouvais plus satisfaire son goût désordonné pour la toilette. L'occasion de la fête, où son amour-propre se trouvait grièvement blessé acheva de la décider. Elle fit dès-lors son étude d'augmenter la passion de don Louis par tous les moyens que lui fournissaient leurs positions rapprochées: c'était à cette intention qu'elle passait tant d'heures à sa fenêtre. Les tendres regards, les attitudes combinées, tout cet art dans lequel

les femmes portugaises sont si savan-
tes étaient employés vis-à-vis du jeune
adorateur qui ne manquait pas d'y
répondre par mille marques d'ivresse
et de dévoûment. Ses lettres étaient
de feu, ses prières étaient pressantes,
et tous les moyens de séduction étaient
mis en œuvre pour amener Antonia à
répondre à ses désirs. Il fut instruit de
sa position par Johanna et ne man-
qua pas d'en profiter. La parure si
désirée arriva plus brillante qu'on
n'aurait osé l'espérer, mille cadeaux
suivirent celui-là et ceux qu'on ne
pouvait me cacher étaient toujours
présentés à mes yeux fascinés comme
venant du cher oncle. Enfin, un ar-
rangement criminel fut la suite de
toutes les démarches de don Louis :
les fréquentes absences qu'exigeait
mon service, les nuits que je passais
de garde à Bélem étaient mises à pro-
profit et Johanna qui avait été la pro-

motrice de cette union coupable en était la confidente et la surveillante.

Ce fut d'elle-même que j'appris ces détails et bien d'autres que je ne puis rapporter, ou que j'abrège, parce que le souvenir m'en est encore trop pénible. Elle ajouta à cet aveu, dicté par l'esprit de vengeance plus que par le repentir, des excuses du rôle qu'elle avait joué dans cette intrigue et l'offre de réparer sa faute en servant désormais d'argus à ma femme. Quoique le désespoir et tous les tourmens de l'enfer fussent dans mon cœur, j'eus la force de ne pas les laisser paraître et de me montrer calme devant la vile créature que j'avais sous les yeux. Je lui dis, avec une apparence de sang froid : « Je vais vous donner votre compte et vous sortirez dès l'instant de chez moi, sans qu'il vous soit permis de revoir Antonia. Je ne crois pas un mot de ce que la plus insigne méchanceté vient de vous dicter contre elle et quand j'y ajouterais foi , vos aveux personnels m'empêcheraient d'avoir jamais recours à vos services. Je vous défends de jamais répéter à qui que ce soit tout ce que vous venez de dire. Outre qu'on ne croirait pas les les propos injurieux d'une servante chassée et mécontente , je saurais bien trouver les moyens de vous en faire repentir. «Je lui remis son argent : elle sortit extrèmement étonnée et confuse du résultat de sa dénonciation et murmurant quelques menaces.

La tâche la plus difficile me restait à remplir. Comment me conduire à l'égard d'une épouse aussi coupable et qui avait aussi indignement abusé de ma tendresse ? Je ne l'aimais plus , puisque je ne pouvais l'estimer. Cependant je devais des ménagemens à celle qui portait mon nom et à moi-même. La renvoyer à sa mère et à son oncle eût fait un éclat fâcheux et l'eût marquée du sceau de la honte aux yeux du public : c'était peut-être lui fermer la voie au repentir et au retour à la vertu. D'ailleurs elle se croyait dans le cas d'être bientôt mère et cette situation était faite pour m'inspirer de la pitié, quoiqu'elle remplît mon âme des doutes les plus cruels. Je me persuadai qu'en l'éloignant du théâtre de son crime, qu'en feignant même de n'y pas croire tout-à-fait, qu'en employant enfin la douceur jointe à la fermeté nécessaire, j'éveillerais ainsi dans son cœur le sentiment de la reconnaissance et le désir de reparer sa faute par une conduite plus réservée. J'allai en conséquence retenir un logement à la Junquiera, quartier situé entre Alcantara et Bélem. Puis revenant au près d'Antonia, je lui dis sans autre préparation : « je viens de renvoyer Johanna ; elle vous accuse d'une

intrigue coupable avec le jeune marquis de Melgasso. Je veux bien n'y
pas croire ; mais pour ne plus donner
lieu à de pareils propos , il faut quitter
sur-le-champ cet appartement et ne
plus reparaître dans cette partie de la
ville. Une chaise vous attend , suivez-
moi et venez prendre possession de
votre nouvelle demeure. » Antonia
étonnée , étourdie du coup me suivit
machinalemeut , sans répondre un
seul mot, sans chercher à se justifier.
Lorsqu'elle fût dans la voiture , elle
fondit en larmes et demanda où je la
conduisais. Le couvent et le retour
chez son oncle l'effrayaient également :
elle se rassura quand je lui eus appris
sa destination. Elle ne chercha point
au reste à entrer dans une explication
que j'étais loin de désirer.

Je la déposai chez elle , et la laissant
à ses réflexions, je revins m'occuper
du transport de mon modeste mobilier

et de la seule domestique qui nous restait ; c'était une femme agée et fidelle qui me servait depuis long-temps, ainsi que mon oncle, et qui toute-entière aux détails de son service, ignorait absolument ce qui s'était passé d'irrégulier dans notre intérieur ; car on s'était toujours caché d'elle. Je dis à la bonne Jacquina, ainsi qu'à mes connaissances et aux parens d'Antonia, que des raisons d'ordre et d'économie nécessitaient mon changement de domicile, et j'engageai ma femme à tenir le même langage. Je ne sais si elle se conforma à mes désirs sur cet article ; mais je crus remarquer en elle plutôt un dépit concentré que du regret de sa conduite. Il était impossible que son intimité avec un aussi détestable sujet que don Louis n'eut pas dénaturé ses principes, si toutes-fois elles en avait jamais eu de bien solides. Il ne lui restait qu'un fonds de douceur et de bonté dont j'espérais tirer parti à la longue. Je comptais qu'elle n'oserait écrire, ni se permettre aucune démarche pour faire connaître sa retraite à son séducteur et je ne me trompais pas sur ce point ; mais , habitant un faubourg aussi éloigné , je me croyais à l'abri de toute découverte de la part du marquis et en cela j'étais dans l'erreur.

La perfide Johanna , outrée du peu de succès de sa dénonciation , s'était mise sous la protection de don Louis , à qui elle avait fait entendre tout ce qu'elle avait voulu et qui d'ailleurs avait trop besoin d'un agent de cette espèce pour ne pas la ménager. Elle offrit d'être l'instrument de ses recherches et de ce qu'elle appelait leur commune vengeance. Avec l'argent du marquis , elle mit des émissaires en campagne et réussit en peu de temps à connaître notre nouvelle demeure. Il n'était pas aussi aisé d'arriver jusqu'à

Antonia. On ne pouvait prétendre à corrompre l'incorruptible Jacquina. Nos hôtes, qui habitaient le bas de la maison et chez lesquels il fallait passer pour gagner notre escalier, n'auraient pas souffert que rien de suspect y pénétrât. Mais de quoi ne s'avise pas le crime pour parvenir à ses fins? Une lettre lancée dans la chambre par la fenêtre arriva à Antonia qui la lut et répondit par un refus de renouveller toute espèce de liaison. Cependant comme elle exprimait plus de craintes des suites que de vrai retour à la vertu, elle encouragea le jeune homme à lui faire une réplique dans laquelle il exprimait son désespoir et la ferme résolution de se porter aux dernières extrémités pour la revoir. Redoutant d'être plus compromise en persistant dans ses refus qu'en y renonçant et d'ailleurs, il faut le dire, cédant au penchant qui l'entraînait vers l'être vil qui l'avait séduite, elle consentit enfin à tout ce qu'il voudrait, pourvu qu'il fut prudent. Sûr d'être accueilli, don Louis, pour n'être pas suspect à nos hôtes, n'eut pas honte de revêtir un habit respectable. Il s'affubla d'une longue robe de franciscain, cacha sa tête sous un énorme capuchon et se présenta ainsi effrontément dans un moment ou j'étais absent. Nos bons hôtes, en appercevant le *Senhor Padre*, s'inclinèrent vinrent baiser sa manche et le laissèrent passer, très-édifiés de voir la jeune dame avoir des rapports avec un saint homme. Ces visites se renouvellèrent quelquefois et de plus Antonia profitait du prétexte de se rendre à l'église, allait chez Johanna qui avait fait sa paix avec elle et où se trouvait don Louis. Il ne paraissait point extraordinaire à la maison et dans le voisinage qu'elle sortit sans être suivie, parceque l'église n'était pas éloignée et que Jacquina, étant notre seule domestique, avait bien assez d'occupation dans notre intérieur.

J'aurais ignoré long-temps toutes ces menées, si le hasard, qui tôt ou tard trahit les coupable, ne me les eût fait découvrir. Il m'arriva, étant de garde au palais d'Ajuda, que je me rappelai avoir oublié un papier dont j'avais besoin. Après avoir garni les postes, je laissai le commandement à mon lieutenant et je revins à la hâte dans un moment où certes, j'étais loin d'être attendu. En entrant mon hôtesse me dit que le Senhor Padre était en haut. « Quel Senhor Padre? Dis-je avec vivacité. — « Celui qui vient de temps en temps visiter la *Senhora*. »—« C'est bon, » repliquai-je, en passant rapiment et déjà soupçonnant la vérité. J'ouvris la porte avec violence et je vi à découvert une figure que je n'eus pa

de peine à reconnaître. J'étais armé,
don Louis ne l'était pas, du moins en
apparence ; l'idée d'une lâche vengeance n'entra point dans mon âme.
« Votre vie est entre mes mains, m'é-
criai-je fièrement ; mais je n'en abuserai point. J'espère seulement, ajoutai-je en me rapprochant et lui parlant à l'oreille : J'espère que demain,
à la garde descendante, vous vous
trouverez derrière les murs du parc. »
Un cri d'effroi d'Antonia me fit recu-
ler et j'évitai ainsi un coup de stilet
que me destinait le traître don Louis.
Je me précipitai sur lui avec fureur,
je le désarmai, et, le traînant par le
collet, je le jetai au bas de l'escalier
où il tomba la tête la première. Sans
m'inquiéter de ce qu'il pouvait devenir, je rentrai dans la chambre, encore enflammé de courroux ; mais il
se changea en un sentiment de pitié,
lorsque je vis Antonia, qui au reste

m'avait sauvé la vie, saisie d'un tremblement convulsif et dans un état alarmant. J'appelai Jacquina ; nous la secourûmes, et lorsqu'elle fut dans son lit, je la confiai aux soins de cette fidelle domestique, et je retournai au palais où mon devoir m'obligeait de me rendre. On se figure aisément dans quelle agitation je passai la nuit : dès la pointe du jour j'envoyai un de mes cavaliers savoir des nouvelles d'Antonia. Jacquina me fit répondre qu'une fièvre violente accompagnée de délire l'avait tourmentée jusqu'au matin où elle s'était assoupie et paraissait plus calme. Lorsque j'eus ramené mon détachement à Alcantara, je ne voulus point rentrer chez moi avant d'avoir été au rendez-vous donné ; mais j'errai envain pendant deux heures le long des murs du parc, personne ne parut et je fus obligé de renoncer à la vengeance que me permettaient les lois de l'honneur.

Le spectacle qui s'offrit à moi dans mon appartement n'était pas fait pour rendre la paix à mon cœur. Suite funeste des vices et de l'inconduite ! cette femme encore si jeune et naguère si séduisante par ses manières, par sa jolie figure, par tout son extérieur, était déjà déformée par la maladie, la souffrance et les angoisses. Quand elle me vit, elle se souleva sur sa couche et me tendit des mains suppliantes, sans pouvoir exprimer une seule parole. Mon ancien amour pour elle plaidait encore en sa faveur : je rejetais tout sur son extrême jeunesse, sur sa mauvaise éducation, sur la vile Johanna et surtout sur son infâme séducteur. Je la rassurai, je lui adressai des paroles de paix : « Au moins, lui dis-je, vous m'avez sauvé la vie, et je ne l'oublierai jamais. » Je l'engageai à se calmer et je lui fis prodiguer tous les secours qui dépendaient de moi. Au bout de quelques jours elle reprit un peu de forces, en restant néanmoins dans un état de langueur qui ne se dissipa plus. Les roses ne revinrent point colorer son teint, et le sourire ne reparut jamais sur sa bouche. Livrée aux remords cruels, elle ne put les appaiser qu'en me faisant l'aveu de tous ses torts et en m'en demandant pardon à genoux : pénible confession pour elle, sans doute ; mais peut-être non moins désagréable pour celui qui l'écoutait. Elle eut ensuite recours à la religion qui la sauva du désespoir et répandit un baume consolateur sur le reste de ses jours.

Cependant, toute ma colère s'était tournée contre le marquis de Melgasso, et pour le décider à accepter le combat, je lui avais écrit une lettre qui était restée sans réponse. Quelques jours après je fus appelé chez le colonel de mon régiment, et là, par ordre exprès du ministre, on m'obligea de donner ma parole d'honneur que cette affaire n'aurait point de suites. « Cet officier, disait le ministre, ne sait-il pas, depuis qu'il est en Portugal, que nous défendons le duel; veut-il nous rapporter les coutumes barbares du Nord? — Oui, dis-je avec amertume, on ne me permettra pas de me battre en brave avec don Louis, et l'on me pardonnera de le faire assassiner. » Le colonel m'imposa silence et me dit de me conformer aux ordres de mes supérieurs. Je l'avais promis, je tins parole; mais je publiai partout la lâcheté du jeune marquis; je le couvris d'infamie. Cependant je trouvai peu d'approbateurs de ma conduite, même parmi les officiers de mon régiment dont la composition alors était loin d'être épurée.

Quelques familles portugaises me firent signifier de ne plus me présenter chez elles. Le seigneur Nugnez me déclara qu'il croirait faire un péché de recevoir un duelliste chez lui, et la senhora Pereira prétendit que j'avais compromis sa fille. Je souris de dédain: ce fut là ma réponse. Je croyais cette affaire assoupie et j'attendais le moment où Antonia donnerait le jour à l'enfant qu'elle portait dans son sein : je craignais même cet instant pour elle, parce qu'au bout d'un mois son état de mauvaise santé n'avait nullement diminué. Au moment où je m'y attendais le moins, je reçus un brevet de lieutenant-colonel, avec ordre de m'embarquer pour l'Afrique par la première occasion. Le pays où l'on m'envoyait était un lieu mal sain qui servait d'exil à tous les gens disgraciés et même à des criminels. C'était envain qu'on feignait de vouloir me favoriser en me-

donnant un si grand avancement ; il était évident qu'on cherchait à m'éloigner pour jamais du Portugal. Je vis d'où partait le coup et je tâchai de le parer. Je sollicitai et j'obtins, avec peine, une audience particulière du ministre. Je lui représentai avec franchise ma position ; il en fut touché et consentit à me donner une permission illimitée de rester à Lisbonne et de continuer mon service comme capitaine au régiment d'Alcantara. Il parut, quoiqu'il ne crut pas devoir en convenir, qu'il avait été entièrement trompé sur le motif de ma querelle avec don Louis.

Je ne fus pas, néanmoins, délivré de toute inquiétude : on m'avertit de me tenir sur mes gardes, parce que mon ennemi cherchait à me faire assassiner. Je le crus aisément : un crime de cette espèce n'était rien pour lui. Je lui offrais peu d'occasions de le consommer ; dégoûté du monde que j'aurais voulu fuir entièrement, je ne sortais guère de chez moi que pour remplir les devoirs de mon état ; mais la haîne veillait, pour m'arracher une vie qui m'était odieuse, avec plus d'activité que je n'en mettais à la défendre. Un soir, en revenant d'Alcantara, je fus attaqué par un assassin qui me porta un coup de stilet dirigé au cœur; un bouton de mon uniforme amortit le coup, la pointe glissa et pénétra entre deux côtes : je fus à l'instant inondé de sang ; j'eus cependant la force de poursuivre le scélérat, et je l'atteignis sur les marches d'une église où il courrait chercher un asile qu'on n'aurait pu violer. Il se retourna pour se défendre, para un premier coup d'épée avec son manteau ; mais du second je le jetai sans vie à mes pieds, et son manteau, en s'ouvrant, me laissa voir la livrée de la maison de

Melgasso. Je me traînai ensuite jusqu'à mon logement qui n'était pas
éloigné, et j'effrayai excessivement
mes hôtes en me montrant ainsi en-
sanglanté à leurs yeux. Antonia vint à
leurs cris : « Voici l'ouvrage de don
Louis, dis-je froidement. » En entendant ces mots, elle cacha son visage
de ses deux mains, s'assit sur le siége
voisin et perdit tout-à-fait connaissance. Pendant ce temps on m'aidait
à gagner ma chambre et à me mettre
dans mon lit. Le chirurgien arriva et
pansa ma blessure, assez profonde,
mais peu dangereuse. Il comptait passer la nuit auprès de moi, lorsqu'on
vint l'appeler à la hâte pour Antonia,
saisie tout-à-coup des douleurs de l'en-
fantement. Je lui fis promettre de venir m'en donner des nouvelles dès
qu'il le pourrait. Il reparut vers la
pointe du jour et m'annonça qu'elle
avait mis au monde un enfant mort,

qu'elle paraissait très-accablée et demandait souvent de mes nouvelles.
J'aurais voulu la voir : le chirurgien
s'y opposa absolument, et plus encore
mon extrême faiblesse. Quoique j'eusse
une fièvre assez forte, il fut obligé de
me quitter, et me confia aux soins de
Jacquina avec défense de me laisser
sortir de mon lit.

Plusieurs jours s'écoulèrent pendant
lesquels on me donnait toujours des
nouvelles rassurantes d'Antonia. Quelques-uns de mes camarades vinrent
me voir et me dirent que mon assassinat ayant fait rumeur, don Louis
était parti pour l'Espagne, et l'on ré-
pandait dans le public que des ordres
du roi avaient décidé ce départ. Ce
fut au moins une consolation pour
moi de voir que le coupable était dé-
masqué, s'il n'était pas puni comme
il le méritait.

Au bout d'un mois, je fus en état

de sortir de ma chambre, et je voulus
passer dans celle d'Antonia ; on s'y
opposa sous divers prétextes : j'insis-
tai et voulus absolument forcer les ob-
tacles. Il fallut bien alors me dire la
vérité toute entière ; ma femme n'était
plus, elle avait péri peu d'heures
après avoir mis son enfant au jour, et
ses dernières paroles avaient été des
vœux pour moi et des reproches pour
elle-même. C'était avec des précautions infinies qu'on était parvenu à me
dérober ce triste événement et à enlever de la maison les restes d'Antonia,
sans que je pusse m'en apercevoir.
J'écoutai tous ces détails sans profé-
rer une parole et je demandai ensuite
à être seul pour me livrer à mes réflexions.

Alors je repassai en moi-même tous
les événemens de ma vie, et j'exami-
nai qu'elle était ma position actuelle ;
je vis que rien ne m'attachait plus au

monde : si la fille que m'avait donnée Antonia avait vécu, j'aurais pu y tenir encore ; mais Dieu en avait disposé. Le meilleur parti que je pusse prendre était donc de quitter pour jamais ce monde, qui n'était plus pour moi qu'une triste solitude. J'avais, il est vrai, un frère en Irlande qui m'eût reçu à bras ouverts, et j'aurais eu recours à lui, si je n'eusse considéré que ce frère étant peu riche et chargé d'une famille nombreuse, je lui serais extrêment à charge. Le service militaire n'était plus pour moi qu'une carrière semée de désagrémens, sans espoir de parvenir à un sort heureux. Tout me décida à prendre une résolution fixe dont je renfermai le secret en moi-même. J'achevai de reprendre mes forces, et lorsque je fus en état de sortir, j'allai trouver le prieur des hiéronimites de Bélem, et je lui fis part du projet que j'avais formé d'entrer dans son ordre. Il l'approuva et promit de me recevoir parmi les novices dès que mes affaires seraient arrangées. Je réunis le peu de fonds dont je pouvais disposer ; je payai mes dettes et je destinai le reste , ainsi que mon mobilier , à mettre à l'abri du besoin les vieux jours de la fidèle Jacquina. Je me présentai ensuite au couvent où je fus accueilli , et d'où j'envoyai ma démission au ministre. Plus sensible à mes malheurs que je n'osais y prétendre , il me répondit , au nom du roi , qu'il ne l'accepterait que lorsque j'aurais fini mon noviciat , et qu'il me saurait irrévocablement engagé dans l'ordre que j'avais choisi : il m'accordait en même temps un congé d'un an.

J'eus le bonheur de persister dans ma résolution , et lorsque mon temps d'épreuve fut achevé , je prononçai avec joie les vœux qui me liaient pour toujours à l'état que je venais d'embrasser. Dans un petit pays le souverain peut s'occuper des plus petites affaires, et les rois en Portugal s'intéressent particulièrement aux affaires religieuses. Un lieutenant-colonel, un étranger qui embrassait la vie monacale, était une circonstance assez extraordinaire pour que Jean V en fût instruit. Il voulut que tous mes appointemens me fussent payés jusqu'au jour de ma profession. J'en fis, comme je le devais, hommage à mon couvent qui l'accepta pour la forme et m'en laissa la disposition : ils me servirent à faire venir de Londres quelques instrumens de physique et d'astronomie, sciences auxquelles je destinais mes momens de récréation et de liberté. Je ne regrettai point le monde : le calme revint par degrés dans mon âme, et j'aurais pu voir don Louis, si non sans peine, au moins sans colère ; je lui pardonnai au nom du Dieu qui pardonne et qui n'est implacable que pour ceux qui le sont eux-mêmes. J'eus le bonheur de mériter l'estime de mon ordre et d'y jouir de quelque considération. Il fallut lui payer ma dette, en remplissant les emplois dont il lui plut de me charger ; mais enfin j'obtins la permission de me retirer au couvent de *Nossa senhora de la Penha*, sur la montagne de Cintra, et j'espère ne changer d'habitation que pour passer dans celle qu'on ne quitte jamais.

FIN DU TOME SECOND.